# 실용 러시아어 작문

저자 남혜현
크라쉡스카야 엔. 베.

1945
문예림

# 실용 러시아어 작문


초판 인쇄 : 2009년 3월  5일
초판 발행 : 2009년 3월 10일

저　　자 : 남 혜 현 / 크라쉡스카야 엔. 베.
펴낸이 : 서 덕 일
펴낸곳 : 도서출판 **문예림**
등　　록 : 1962. 7. 12　제2-110호

주소 : 서울특별시 광진구 군자동 1-13호 문예하우스 101호
전화 : (02)499-1281~2
팩스 : (02)499-1283
http://www.bookmoon.co.kr
E-mail : book1281@hanmail.net

ISBN 978-89-7482-462-4(13790)


＊잘못된 책이나 파본은 교환해 드립니다.

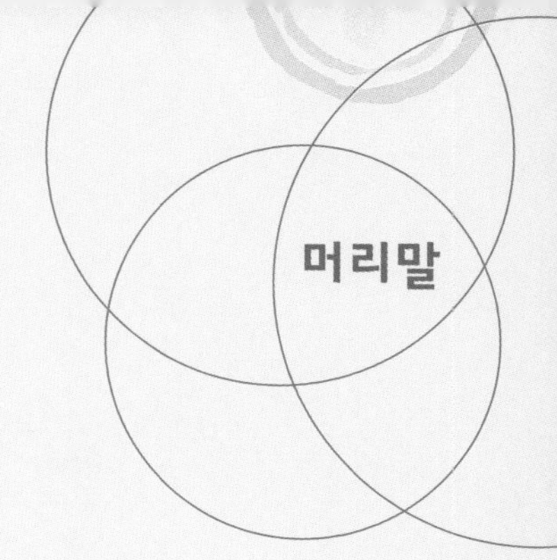



　대학에서 러시아어를 가르치는 우리 저자들은, 학생들에게 쓰기 교육이 참으로 부족하다는 데 의견을 모아왔습니다. 온전히 쓰기 연습에만 집중하는 작문 수업이 정식 과목으로 개설되는 경우가 많지 않았다는 데 가장 큰 원인이 있다고 생각합니다. 이렇게 작문수업이 개설되기 어려운 이유는 두 가지로 생각해 볼 수 있겠습니다. 첫째, 학생들은 작문이라고 하면 으레 어려운 수업이라고 짐작하여 기피하는 경향이 있습니다. 둘째, 선생님의 입장에서는 작문 수업에서 사용할 만한 적절한 교재를 찾기가 어려우셨을 것입니다.

　물론 작문 수업이 높은 수준의 언어 실력을 갖춘 학생들만 수강하는 수업은 아니지만, 완전히 초급 수준의 학생이 도전하기에 어려운 과목임은 분명합니다. 그러나 현재 많은 러시아어 전공자들이 여러 프로그램을 통해 러시아에서 일정 기간의 언어 연수 경험을 쌓고 있고, 수업 시간에도 높은 수준의 언어 능력을 기른 학생들을 쉽게 찾아볼 수 있습니다. 또한 취업과 기타 실무를 위한 작문 교육의 필요성 또한 점차 부각되는 실정입니다.

　말을 잘하는 사람이 반드시 글을 잘 쓰는 것은 아니지만, 글을 잘 쓰는 사람은 말도 잘한다는 '신념'을 예나 지금이나 저는 갖고 있으며, 수업 중에도 이런 '신념'에 근거해 작문 실력의 필요성을 강조하곤 합니다. 흔히 외국어를 배울 때에는 회화 실력을 키우는 데 무엇보다 노력을 기울이는데, 사실 말하기란 작문 연습과도 밀접한 관련이 있습니다. 특히 러시아어 환경에 노출되는 시간이 절대적으로 부족한 우리 학생들이, 정확하고 조리 있게, 즉 'грамотно'하게 말하기 위해서는 반드시 문법 지식이 뒷받침된 작문 연습이 선행되어야 합니다.

　이 책은 단순한 문법 연습으로서 기계적인 단문 작성에만 그치는 데 목표를 두지 않았습니다. "정확하고도 유창한 회화 실력을 키운다!" 이와 같이 두 마리 토끼를 잡자는 목표 아래, 본 교재는 상수와 경아가 여러 인물들과 주고 받는 편지를 주요 텍스트로 하고, 이 텍스트를 중심으로 다양한 작문 연습을 수업 시간에 선생님과 함께, 혹은 숙제로 각자 학습할 수 있도록 구성하였습니다. 특히 편지 텍스트에는 회화에 바로 사용할 수 있는 생생한 언어 표현을 최대한 다양하게 실어 놓았습니다. 이 밖에도 러시아 인터넷 검색과 관련된 용어들, 러시아어로 이력서를 쓸 때 유용한 표현 등 기존의 교재에서 잘 다뤄지지 않던 부분도 포함시켰습니다.

　이 책을 통해 우리 학생들이 지금까지 어렵게만 여기던 러시아어의 위트와 매력을 발견해, 러시아어와 심리적인 간격을 좁힐 수 있기를 진심으로 바랍니다.

**젤라유 밤 우스페호프!**

# 목 차

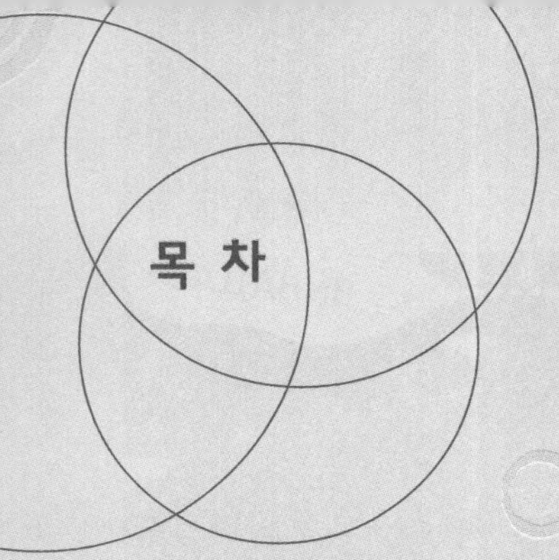

PETRO PRIMO
CATHARINA SECUNDA
MDCCLXXXII

# Часть 1

# 러시아 인터넷에서 정보 찾기

## Ищу информацию в русском Интернете!

## Раздел 1 **Русские поисковые системы.**

Наиболее популярные русские поисковые системы:

http://www.yandex.ru

http://www.google.ru

http://www.rambler.ru

http://www.aport.ru

**На** следующей странице вы можете увидеть пример главной страницы поисковой системы Яndex.

**Стрелка** под цифрой 1 указывает на поле, куда вы вписываете ваш поисковый запрос (поле поиска). Стрелка под цифрой 2 показывает рубрики, которые ограничивают поисковое пространство. Например, если вам нужны картинки, фотографии или иллюстрации, кликните рубрику «Картинки». Потом вписывайте в поле поиска ваш запрос.

**Поисковая** система Яndex выгодно отличается от других систем тем, что в ней есть русская клавиатура–на рисунке стрелка под цифрой 3. Если на вашем компьютере нет кириллицы, вы можете воспользоваться этой ссылкой.

**Другие** поисковые системы устроены аналогично.

러시아에서 가장 인기있는 검색시스템은 다음과 같습니다:

http://www.yandex.ru

http://www.google.ru

http://www.rambler.ru

http://www.aport.ru

다음 장에서 여러분은 Яndex의 홈페이지를 보게될 것입니다.

1번 화살표는 여러분이 찾고자 하는 검색어를 기입하는 창(검색창)을 가리킵니다. 2번 화살표는 검색분류를 가리킵니다. 예를 들어, 여러분이 그림이나 사진이 필요하면, 《Картинки》라는 범주를 클릭하세요. 그 다음 검색창에 여러분의 검색어를 쳐 넣으세요.

Яndex에는 러시아 자판이 있어서 (3번 화살표), 다른 검색시스템보다 사용하기 용이합니다. 만약 여러분의 컴퓨터에 키릴 문자가 없다면, 이 자판을 사용할 수 있겠죠.

다른 검색시스템의 구조도 이와 유사합니다.

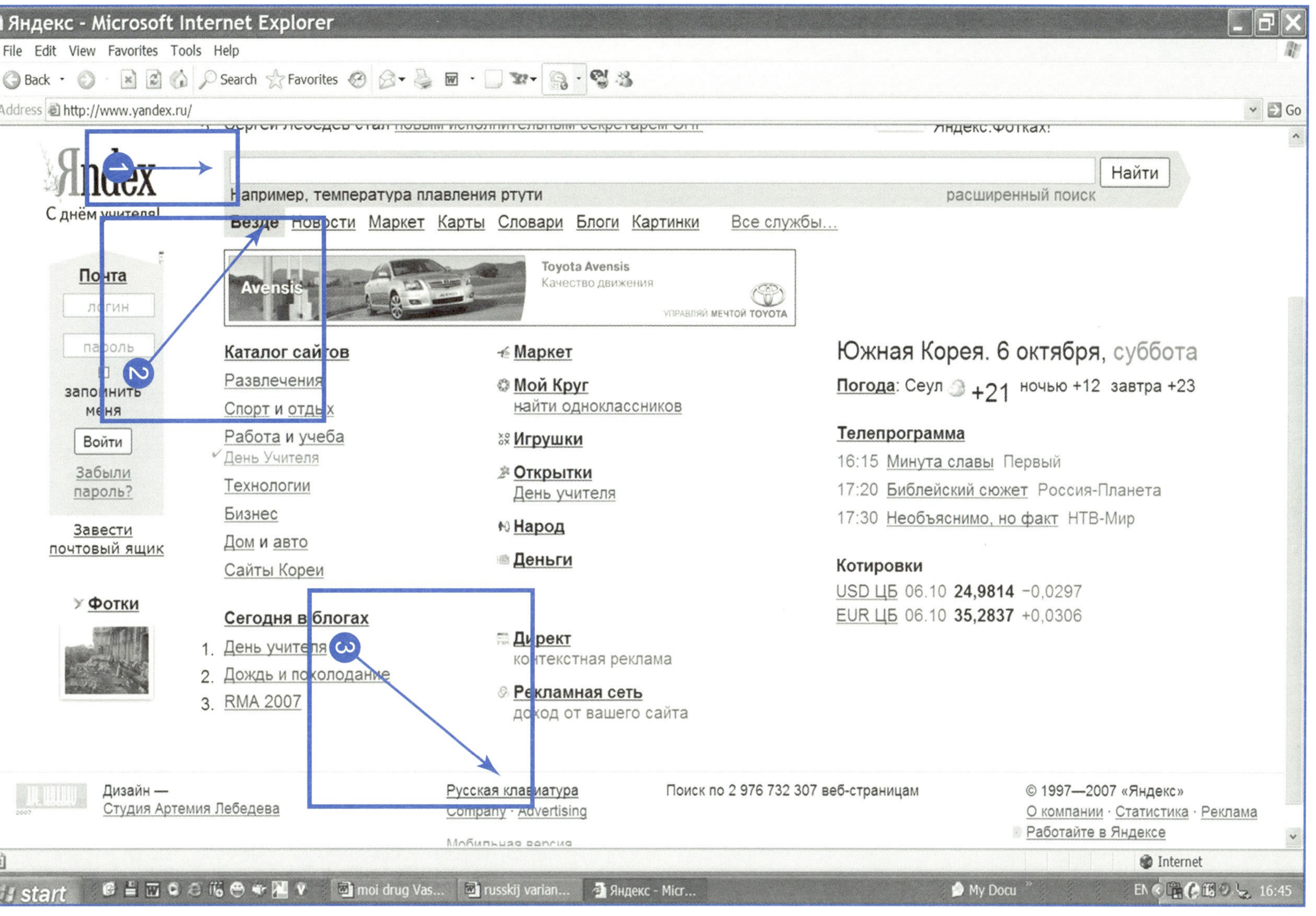

Яндекс - Microsoft Internet Explorer
File Edit View Favorites Tools Help
Back · Search Favorites
Address http://www.yandex.ru/ Go
Сергей Лебедев стал новым исполнительным секретарем ОН
Яндекс.Фотках!
Яndex
Найти
Например, температура плавления ртути
расширенный поиск
С днём учителя!
Везде Новости Маркет Карты Словари Блоги Картинки Все службы...
Toyota Avensis
Avensis
Качество движения
УПРАВЛЯЙ МЕЧТОЙ TOYOTA
Почта
логин
пароль
запомнить меня
Войти
Забыли пароль?
Завести почтовый ящик
Фотки
Каталог сайтов
Развлечения
Спорт и отдых
Работа и учеба
День Учителя
Технологии
Бизнес
Дом и авто
Сайты Кореи
Сегодня в блогах
1. День учителя
2. Дождь и похолодание
3. RMA 2007
Маркет
Мой Круг
найти одноклассников
Игрушки
Открытки
День учителя
Народ
Деньги
Директ
контекстная реклама
Рекламная сеть
доход от вашего сайта
Южная Корея. 6 октября, суббота
Погода: Сеул +21 ночью +12 завтра +23
Телепрограмма
16:15 Минута славы Первый
17:20 Библейский сюжет Россия-Планета
17:30 Необъяснимо, но факт НТВ-Мир
Котировки
USD ЦБ 06.10 24,9814 −0,0297
EUR ЦБ 06.10 35,2837 +0,0306
Дизайн —
Студия Артемия Лебедева
Русская клавиатура
Company · Advertising
Мобильная версия
Поиск по 2 976 732 307 веб-страницам
© 1997—2007 «Яндекс»
О компании · Статистика · Реклама
Работайте в Яндексе
Internet
start
moi drug Vas... russkij varian... Яндекс - Micr... My Docu EN 16:45

 러시아 검색시스템을 사용하려면, 다음 단어들이 필요합니다.

СЛОВА, которые могут понадобится вам при работе с русскими поисковыми системами (используйте этот список как справочник):

## Слова

| | |
|---|---|
| ☞ ссылка | 검색결과 |
| ☞ поисковая система | 검색시스템 |
| ☞ каталог | 카탈로그 |
| ☞ запрос | 검색어 |
| ☞ искать / найти | 찾다 |
| ☞ строка поиска | 검색창 |
| ☞ адресная строка | 주소창 |
| ☞ русская клавиатура | 러시아어 자판 |
| ☞ ввод | 기입 |
| ☞ пробел | 공란 |
| ☞ набирать / набрать текст (адрес) | 텍스트(주소)를 기입하다 |
| ☞ кликнуть что (на что) | 클릭하다. |
| ☞ кликните! | 클릭하세요! |
| ☞ сайт | 싸이트 |
| ☞ портал | 포탈 |
| ☞ главная страница | 홈페이지 |
| ☞ открывать/открыть сайт, Интернет, главную страницу | 싸이트, 인터넷, 홈페이지를 열다 |
| ☞ назад, предыдущая (страница) | 뒤로, 이전 (페이지) |
| ☞ вперёд, следующая (страница) | 앞으로, 다음 (페이지) |
| ☞ выкладывать / выложить информацию в интернет(е) | 인터넷에 정보를 올리다 |
| ☞ поместить / помещать информацию, объявление в интернете | 인터넷에 정보와 공지사항을 올리다 |
| ☞ регистрироваться / зарегистрироваться | 등록하다 |
| ☞ анкета | 앙케이트 |
| ☞ профиль | 프로필 |

☞ **Яndex**를 열어보세요.

👉 Откройте поисковую систему Яndex.

А) 검색창에 〈**образцы письма поздравление**〉라고 적으세요.

А) Впишите в поле поиска следующий запрос:

〈образцы письма поздравление〉

> **КОММЕНТАРИЙ**
>
> Поисковые системы не принимают во внимание заглавные буквы, падежи и знаки препинания. Вы можете писать все слова в именительном падеже. Главное условие – нужно написать слова без ошибок!

검색시스템은 대문자, 격, 구두점을 구분하지 않습니다. 그러므로 모든 단어를 주격으로 써도 상관없습니다. 중요한 것은 철자를 틀리지 않는 것이에요!

Б) 〈Найти〉를 클릭하세요. 싸이트 하나를 열어보세요. 편지 모델을 찾아보세요.

Б) Кликните <Найти>. Выберите один из сайтов и откройте. Найдите образцы писем.

В) 또 다른 검색시스템에도 가보세요. 이 검색시스템에서 위의 연습문제 А) 와 Б) 를 해보세요.

В) Выйдете в любую другую поисковую систему Проделайте ЗАДАНИЯ А) и Б) в этой системе.

주소창에 다음 주소(http://www.ya.zovu.ru/2y.htm)를 쓰고, 인터넷 싸이트를 열어보세요.

Наберите в адресной строке следующий адрес:

http://www.ya.zovu.ru/2y.htm Откройте страницу Интернета.

**Сравните :**

Уважаемые посетители и пользователи!

Российский культурный портал "Золотые Врата Урала" поздравляет вас с наступающим Новым годом! Желаем вам всем и каждому в Новом году исполнения самых сокровенных желаний! Успеха и стабильности в делах! Здоровья, радости, счастья в личной жизни! Пусть сбываются все мечты! Мы вас любим и ценим! И готовим на культпортале много приятных сюрпризов для вас!

Чтобы вам легче праздновалось, мы предлагаем вам заготовки и образцы для поздравлений (эти образцы можно взять за основу для составления своего поздравления и изменять так, как вам нужно - подставлять нужные слова, имена, даты... и удалять ненужные)! С уважением, Команда ЗоВУ

## УНИВЕРСАЛЬНЫЕ ЗАГОТОВКИ НАШЕЙ ПОЗДРАВЛЯЛКИ

## УНИВЕРСАЛЬНОЕ ПОЗДРАВЛЕНИЕ

**Дорогой(-ая)** (уважаемый, любимый, милый, прекрасный, желанный, сладкий, страстный, удивительный, ненаглядный...) ... ... (**имя**, папа, мама, бабушка, дедушка, брат, сестра, тетя, дядя, мальчик, девочка, солнышко мое, цветик, свет очей моих, котик, капустик, носик, поросенок, киска...)!

**Я**(мы, они тоже...) **сердечно**(от всего сердца, чистосердечно, от всей души и всего остального тоже...) **тебя**(вас, меня, нас и их тоже...) **поздравляю** (поздравляем...) **с Днем 1 апреля**(рождения, защитника Отечества, любви, свадьбы, юбилея, столетия, нашей встречи, окончания, получения, защиты, развода, жестянщика...) **и желаю**(желаем, хотим, лелеем...) **всего наилучшего**(больших успехов, крепкого здоровья, огромного счастья, много радостей, нобелевскую премию, выйти замуж, жениться, развестись, отправиться, съездить, слетать, кучу детей, благополучия, многих лет жизни, процветания, удачи, поражения, скатертью дороги, свиньи подложенной и всего такого хорошего...)!

**С уважением**(любовью, наилучшими пожеланиями, с поцелуями, с солнечной улыбкой и всем остальным...) ... ... (**имя**, твой котенок, ласковая собачка, мягкий пуфик, нежная козочка, дедуля, мамочка, бабушка, дочка, сын, дядя, доброжелатель, сосед...)! *

* можно добавить дату и подпись (разборчиво или неразборчиво, по ситуации)

## УНИВЕРСАЛЬНАЯ БЛАГОДАРНОСТЬ

**Уважаемый**(уважаемая, любимый, дорогой, желанный...) **друг**(подруга, товарищ, муж, жена, теща, сын, дед, бабушка, коллеги, друзья, жители, россияне...).

**Сердечно**(от всей души, честно, с радостью...) благодарю вас(тебя, Васю, девочек, весь коллектив, родной город, земляков и себя тоже - за то, что я у тебя есть...) **за оказанную**(предоставленную, подаренную, потерянную, найденную и т.д....) **поддержку**(возможность, помощь, услугу...)!

**Ваш**(твой, твоя...) **имя** и/или **подпись**(прозвище, кличка, псевдоним...) дата.

# УНИКАЛЬНАЯ КОЛЛЕКЦИЯ ПОЗДРАВЛЕНИЙ



Если вы не смогли открыть эту страницу, или если открыли что-то совсем другое – не огорчайтесь! Интернет – очень динамичная система. Она меняется каждый день. Главное – знать, где искать, и как искать.

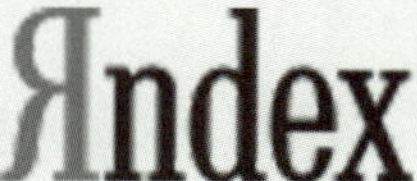

Найдётся всё

혹시 여러분이 이 페이지를 열수 없어도, 실망하지 마세요. 인터넷은 다이나믹한 시스템이라서, 매일 바뀐답니다. 중요한 것은 어디서, 어떻게 찾는줄 아는 것이죠.

**ЗАДАНИЕ 3**

☛ ПИСЬМО 1과 ПИСЬМО 2를 읽고 다음 질문에 답하세요.

☛ Прочитайте ПИСЬМО 1 и ПИСЬМО 2. Как вы думаете:

А) Какое из писем адресовано близкому другу?

Почему вы так думаете?

Б) Кто такой Сергей Александрович? Почему вы так думаете?

В) Какое из писем – серьёзное, а какое – шутка?

Почему вы так думаете?



Дорогой Вася!

Я сердечно тебя поздравляю с Днем 1 апреля и желаю тебе кучу детей, благополучия и нобелевскую премию.

С солнечной улыбкой, Ким Санг Су, твой дядя

Уважаемый Сергей Александрович!

Мы от всего сердца поздравляем вас с Днем рождения и желаем всего наилучшего, больших успехов, крепкого здоровья, огромного счастья, много радостей, благополучия, многих лет жизни, процветания и удачи.

С уважением и наилучшими пожеланиями

Ваши студенты Ким Санг Су и Ли Кёнг А

## ЗАДАНИЕ 4

☛ 연습문제 2의 〈универсальное поздравление〉를 사용하여, 선생님께 생신을 축하하는 카드를 써보세요.

☛ Используя раздел 〈универсальное поздравление〉 из Задания 2, напишите поздравление вашей преподавательнице с Днём Учителя.

## ЗАДАНИЕ 5

☛ ПИСЬМО 3을 읽고, 〈универсальное поздравление〉에서 나왔던 단어들을 찾아 보세요.

☛ Прочитайте ПИСЬМО 3. Найдите слова письма в разделе 〈универсальное поздравление〉.

**ПИСЬМО 3**

Дорогие друзья!

От всей души благодарю вас за оказанную поддержку и помощь!

Ваш Ким Санг Су

☛ 연습문제 2의 〈**универсальная благодарность**〉를 사용하여 감사편지를 써보세요.

☛ Используя раздел 〈универсальная благодарность〉 из Задания 2, напишите благодарственное письмо.

## Раздел 2 — Как можно познакомиться с человеком в русском Интернете.

Самый простой способ найти друзей в Интернете – это выполнить ЗАДАНИЕ 7. И посмотреть, что получится!...

인터넷에서 친구를 찾는 가장 쉬운 방법은 연습문제 7번을 푸는거에요. 자 보세요, 어떤 일이 일어나는지!

☞ Яndex를 열어보세요.

☞ Откройте поисковую систему Яndex.

А) 검색창에 найти друзей по переписке 라고 쓰세요.

А) Впишите в поле поиска следующий запрос:

⟨найти друзей по переписке⟩

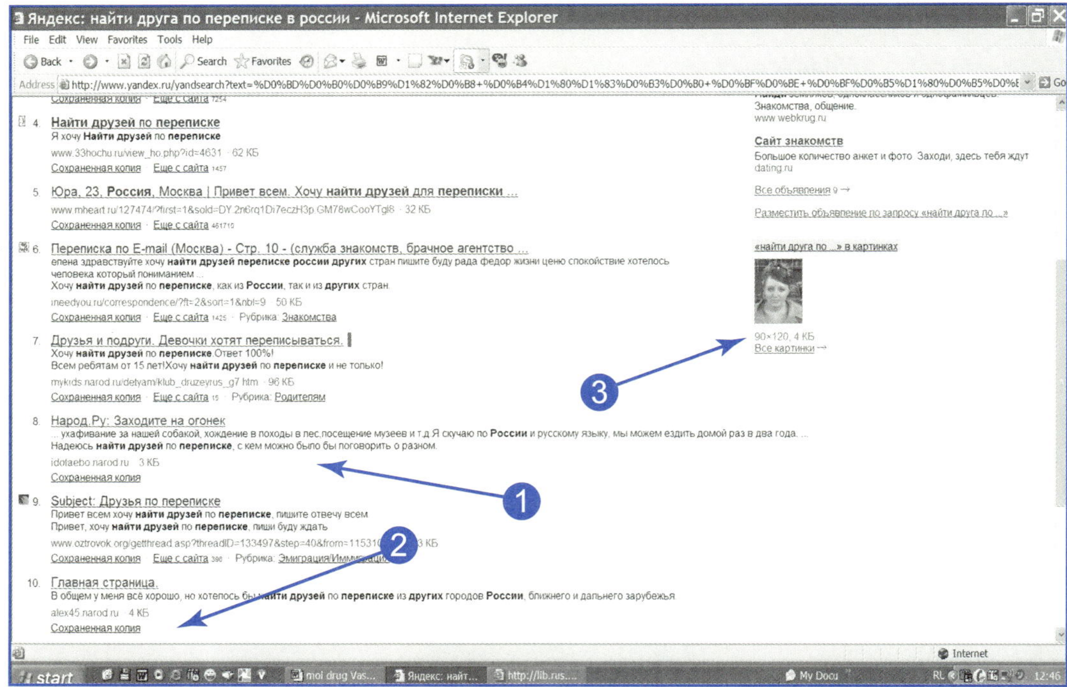

B) 검색결과 중 우리는 두가지를 선택해서 클릭했습니다. 그 결과 소피아와 알렉세이의 자기 소개글을 찾았습니다. 이것을 ⟨анкета⟩ 혹은 ⟨профиль⟩이라고 합니다. 아래 두 글을 읽어보세요.

В) Из ссылок, которые вы видите, мы выбрали 2 ссылки, кликнули, и нашли небольшие рассказы Софьи и Алексея о себе. В Интернете они называются ⟨анкета⟩ или ⟨профиль⟩. Прочитайте эти два рассказа.

## ПИСЬМО 4

### ТЕМА : Заходите на огонек

Давайте знакомиться. Меня зовут Софья. Мне 32 года. Родом я из г. Волгограда, но сейчас живу в США. Моя семья состоит из четырех человекмужа Дагласа, дочери Анастасии и падчерицы (слово мне это не очень нравиться) Кристины. По профессии я преподаватель английского языка и литературы, но в данный момент не работаю. В список моих интересов входят чтение (в основном, классическая литература), спорт (катание на велосипеде и роликовых коньках, бег, плавание, аэробика, волейбол), вязание спицами (обычно вяжу свитеры), садовод-ство и огоро дничество, ухаживание за нашей собакой, хождение в походы в лес, посещение музеев и т.д. Я скучаю по России и русскому языку, мы можем ездить домой раз в два года. Надеюсь найти друзей по переписке, с кем можно было бы поговорить о разном. Я поддерживаю связь с друзьями и знакомыми из России посредством электронной почты, но тем не менее хотелось бы познакомиться еще с кем-то, чтобы расширить круг общения. Пишите. Обязательно отвечу.

## Слова

- состоит из
  ～로 구성되어 있다
- падчерица
  이복딸
- в список моих интересов входят
  내 취미는 …이다
- катание на велосипеде
  자전거 타기
- катание на роликовых коньках
  롤러스케이트 타기
- вязание спицами
  뜨개질
- садоводство
  정원가꾸기
- тем не менее
  그럼에도 불구하고
- расширить / расширять
  넓히다, 확장하다

**ТЕМА :** Про меня

Здравствуйте, друзья!

Меня зовут Алексей. 1 мая 2000 года мне исполнилось 12 лет. Живу я в России, в г. Энгельсе Саратовской области, что на реке Волга. В этом году я перешел в 7 класс. Занимаюсь музыкой, а точнее, учусь ещё в 5 классе музыкальной школы на аккордеоне и фортепиано. Люблю играть в футбол, гонять на своем новеньком велосипеде, смотреть реслинг по телевизору, играть в компьютерные игры, купаться на пляже и ещё много чего люблю, всё, что может любить парень в моем возрасте.

У меня много ребят, с которыми я дружу, но настоящий друг только один – это Стас, он учится в параллельном классе. Я знаю, что он не подведет меня и не предаст в трудную минуту. Я хожу с ним часто на рыбалку. Наши родители тоже дружат.

Моя мама работает в школе учителем математики, а папа работает в коммерческой фирме. Еще у меня есть сестренка Иринка, она младше меня на 1 год, но это не мешает нам жить дружно. Есть ещё любимая кошка по имени Люся, но про неё совсем другой разговор, потому, что она просто чудо.

Ещё у меня есть хобби. На протяжении вот уже 4 лет я (при поддержке папы) коллекционирую модели масштабных автомобилей, в масштабе 1:43, и сейчас их у меня около 60 штук.

В общем, у меня всё хорошо, но хотелось бы найти друзей по переписке из других городов России, ближнего и дальнего зарубежья. Так что, пацаны и девчонки, если будет желание, напишите мне, с удовольствием отвечу всем. Пока.

Алексей.

## Слова

- **параллельный**
  병행하는
- **подводить / подвести**
  배신하다, 기만하다
- **предавать / предать**
  배신하다
- **рыбалка**
  낚시터
- **коллекционировать**
  수집하다
- **пацан**
  남자아이

## ЗАДАНИЕ 8

🗨 아래 질문에 답하세요.

👉 Ответьте на вопросы.

1. Кто такие Софья и Алексей?

   Где они живут?

   Как вы думаете, сколько им сейчас лет?

   Давно ли они выложили в Интернет свои профили?

2. Есть ли у них семья, друзья?

   Почему они ищут друзей по переписке?

3. Что они любят делать в свободное время?

   Какие у них хобби?


## ЗАДАНИЕ 9

🗨 ПИСЬМО 6을 읽고 질문에 답하세요.

👉 Прочитайте ПИСЬМО 6. Ответьте на вопросы:

1. Кто такой Санг Су?

2. Откуда он знает Наташу?

3. Почему Санг Су написал Наташе письмо?

## ПИСЬМО 6

### ТЕМА : ПРЕДЛАГАЕМ ПЕРЕПИСЫВАТЬСЯ

Здравствуйте, Наташа! Меня зовут Санг Су, моя фамилия Ким. Я живу в Южной Корее, в Сеуле. Я немного говорю по-русски, потому что я изучаю русский язык в Университете.

Я нашёл Ваш профиль в Интернете. Если Вы не против, давайте переписываться!

Ким Санг Су 

## Слова

👉 **Если вы не против**
만약 당신이 반대하지
않는다면

👉 **переписываться**
편지를 주고 받다

연습문제 7의 인터넷 페이지에서 3번 검색결과를 보세요.

Посмотрите страницу Интернета в Задании 7. Найдите ссылку 3.

**КОММЕНТАРИЙ**

Ссылка 3 показывает ещё один возможный путь найти друзей в Интернете. Если вы кликните на картинку, то найдёте фотографии людей, которые ищут друзей по переписке. Мы так и сделали. У нас получилось вот что.

Если на странице, которая откроется, никто не заинтересует вас, то можно перейти на следующую страницу (см. стрелку 1).

검색결과 3은 인터넷에서 친구를 찾는 또 다른 방법을 보여줍니다. 여러분이 〈Картинки〉를 누르면, 친구를 찾는 사람들의 사진을 볼 수 있습니다. 우리가 이렇게 했더니, 다음과 같은 결과가 나왔습니다.

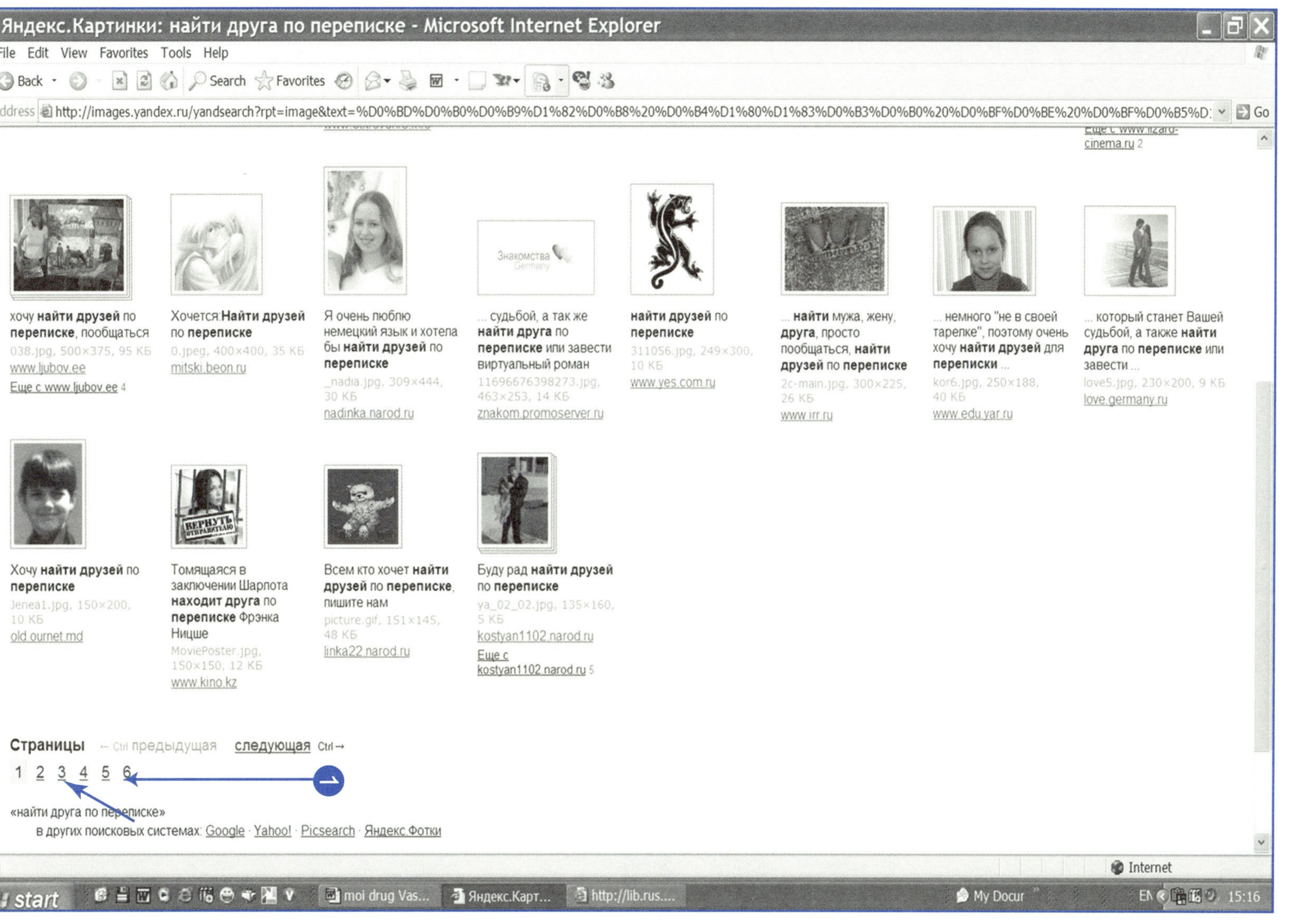

Яндекс.Картинки: найти друга по переписке - Microsoft Internet Explorer
File   Edit   View   Favorites   Tools   Help
Back   Search   Favorites
Address   http://images.yandex.ru/yandsearch?rpt=image&text=%D0%BD%D0%B0%D0%B9%D1%82%D0%B8%20%D0%B4%D1%80%D1%83%D0%B3%D0%B0%20%D0%BF%D0%BE%20%D0%BF%D0%B5%D0:   Go
Еще с www.lizard-cinema.ru 2
хочу найти друзей по переписке, пообщаться
038.jpg, 500×375, 95 КБ
www.ljubov.ee
Еще с www.ljubov.ee 4
Хочется Найти друзей по переписке
0.jpeg, 400×400, 35 КБ
mitski.beon.ru
Я очень люблю немецкий язык и хотела бы найти друзей по переписке
_nadia.jpg, 309×444, 30 КБ
nadinka.narod.ru
Знакомства Germany
... судьбой, а так же найти друга по переписке или завести виртуальный роман
11696676398273.jpg, 463×253, 14 КБ
znakom.promoserver.ru
найти друзей по переписке
311056.jpg, 249×300, 10 КБ
www.yes.com.ru
... найти мужа, жену, друга, просто пообщаться, найти друзей по переписке
2c-main.jpg, 300×225, 26 КБ
www.irr.ru
... немного "не в своей тарелке", поэтому очень хочу найти друзей для переписки ...
kor6.jpg, 250×188, 40 КБ
www.edu.yar.ru
... который станет Вашей судьбой, а также найти друга по переписке или завести
love5.jpg, 230×200, 9 КБ
love.germany.ru
Хочу найти друзей по переписке
Jenea1.jpg, 150×200, 10 КБ
old.ournet.md
Томящаяся в заключении Шарлота находит друга по переписке Фрэнка Ницше
MoviePoster.jpg, 150×150, 12 КБ
www.kino.kz
Всем кто хочет найти друзей по переписке, пишите нам
picture.gif, 151×145, 48 КБ
linka22.narod.ru
Буду рад найти друзей по переписке
ya_02_02.jpg, 135×160, 5 КБ
kostyan1102.narod.ru
Еще с kostyan1102.narod.ru 5
Страницы   ← Ctrl предыдущая   следующая Ctrl→
1  2  3  4  5  6
«найти друга по переписке»
    в других поисковых системах: Google · Yahoo! · Picsearch · Яндекс.Фотки
Internet
start   moi drug Vas...   Яндекс.Карт...   http://lib.rus....   My Docur   EN   15:16

☛ 러시아 검색시스템에서 펜팔 싸이트를 찾아보세요. 마음에 드는 사람을 골라서, 그의 프로필을 읽어보세요. 다음 질문에 답하세요.

☛ Откройте любую русскую поисковую систему. Найдите сайты друзей по переписке любым из известных вам способов. Выберите заинтересовавшего вас человека. Прочитайте его профиль. Ответьте на вопросы:

1. Как его зовут?

   Кто он такой?

   Где он живёт?

   Сколько ему лет?

2. Какие у него интересы, хобби?

3. Почему он ищет друзей по переписке?



☛ 여러분이 선택한 사람에게 짧은 편지를 써보세요.

☛ Напишите человеку, которого вы выбрали, короткое письмо.

☞ 인터넷에서 펜팔 친구를 찾는 사람들의 글을 읽어보세요.

☞ Прочитайте короткие сообщения людей, которые хотят найти друзей по переписке в Интернете.

## ✐ Слова

| | |
|---|---|
| ☞ общаться / пообщаться | 대화하다 |
| ☞ родом из | 출신이다. 태생이다 |
| ☞ разносторонний | 다면적인, 다방면의 |
| ☞ возраст | 나이 |
| ☞ пол | 성 |
| ☞ желательно | 희망하는 |
| ☞ близкий по возрасту | 나이가 비슷한 |

1. 31.07.2007 23:092007-07-31 18:09:07 <u>Дарья</u>

   Привет всем))) Мне 18 лет, я из Москвы)    Пишите, пообщаемся)))

2. 31.07.2007 03:132007-07-30 22:13:21 anna

   Привет! Я очень хочу найти друзей по переписке. Мне 27 лет, живу в г. Кременчуг (Украина).

3. 18.08.2007 02:052007-08-17 21:05:50 Алексей

   Привет всем! Хочу найти друга по переписке! Мне 19 лет. Пишите все!

4. 20.08.2007 18:102007-08-20 13:10:35 Анастасия

   Привет всем! Меня зовут Настя, родом из Молдовы, хочу познакомиться с ребятами из разных уголков планеты для занимательного общения и долгой дружбы. Со мной можно говорить обо всем - я личность разносторонняя, увлекаюсь всем : спортом, музыкой, путешествиями, психологией и т.д. ...Если есть минутка и желание, напишите мне. Я отвечу.

5. 25.09.2007 14:142007-09-25 09:14:03 Женя

Хочу найти друзей. Поговорить о чём-нибудь, узнать людей. Мне 19 лет. Живу в Омске. Пишите мне.

6. 26.09.2007 05:102007-09-26 00:10:07 Максим

Привет! Меня зовут Максим 17 лет. Пишите!

7. 26.09.2007 16:232007-09-26 11:23:28 сансарра

Привет! Я самая обыкновенная девушка из Сибири. Мне 18 лет. Я играю в группе "Skem", занимаюсь фотографией и учу английский.

... пишите, я буду рада каждому!

8. 27.09.2007 11:592007-09-27 06:59:25 Love

Мне просто скучно в эл. почте

9. 27.09.2007 12:072007-09-27 07:07:18 вера

Привет всем! У меня хорошее настроение! Пишите, и я всем отвечу . 11 лет

10. 27.09.2007 16:282007-09-27 11:28:42 Виктория

Ищу друга по переписке. Желательно близкого мне по возрасту. Мне 43 года.

11. 27.09.2007 23:232007-09-27 18:23:15 Raiko

Здравствуй. Меня зовут Раико, мне 25 лет. Я из США, но в данный момент живу в Корее (работаю учителем английского в Сеуле). Самостоятельно занимаюсь русским языком, и поэтому хочу переписываться с носителями русского языка из любой точки России, Украины и Беларуси (но мне особенно бы хотелось познакомиться с людьми из Киева, Минска, и городов золотого кольца и севера России). Ну, чего вы ждёте?

Напишите! (Знание английского как-то не требуется... прекрасно понимаю и без проблем читаю...) Мой E-mail: fansler.korea@yahoo.com

12. 05.10.2007 01:382007-10-04 20:38:08 Маша

Приветик! Мне 17 лет, Я ищу людей, которые не против переписываться по электронной почте. Возраст и пол не важен. Жду писем по адресу makakusya@ya.ru.



다음 문장을 완성하세요.

Закончите предложения.

1. Привет _______________________!

2. Я хочу найти _______________________

3. Я хочу _______________________

4. Я ищу _______________________

5. Я всем _______________________

6. Пишите _______________________!

**КОММЕНТАРИЙ**

Вы можете и сами поместить своё сообщение на сайте поиска друзей по переписке.

Один из возможных способов – это выйти в один из самых популярных русских порталов

http://narod.yandex.ru/

В этом портале тоже есть своя поисковая система ⟨ПОИСК⟩:

ПОИСК

Искать:

Нам понравилась вот такая страница http://i20-i5.narod.ru/

여러분도 직접 펜팔친구를 찾는 글을 인터넷에 올릴 수 있습니다. 러시아에서 가장 인기있는 포탈 가운데 하나인 http://narod.yandex.ru/로 가보세요.

이 포탈의 검색창에 찾기 친구를 찾기 위해 친구를 찾기 위해 친구를 찾기 위해 친구를 찾기 위해 친구를 찾기 위해 친구를 찾기 위해 친구를 찾기 위해 친구를 찾기 위해 친구를 찾기 위해 찾기라고 써보세요.
우리는 다음과 같은 페이지가 마음에 들었습니다: http://i20-i5.narod.ru/

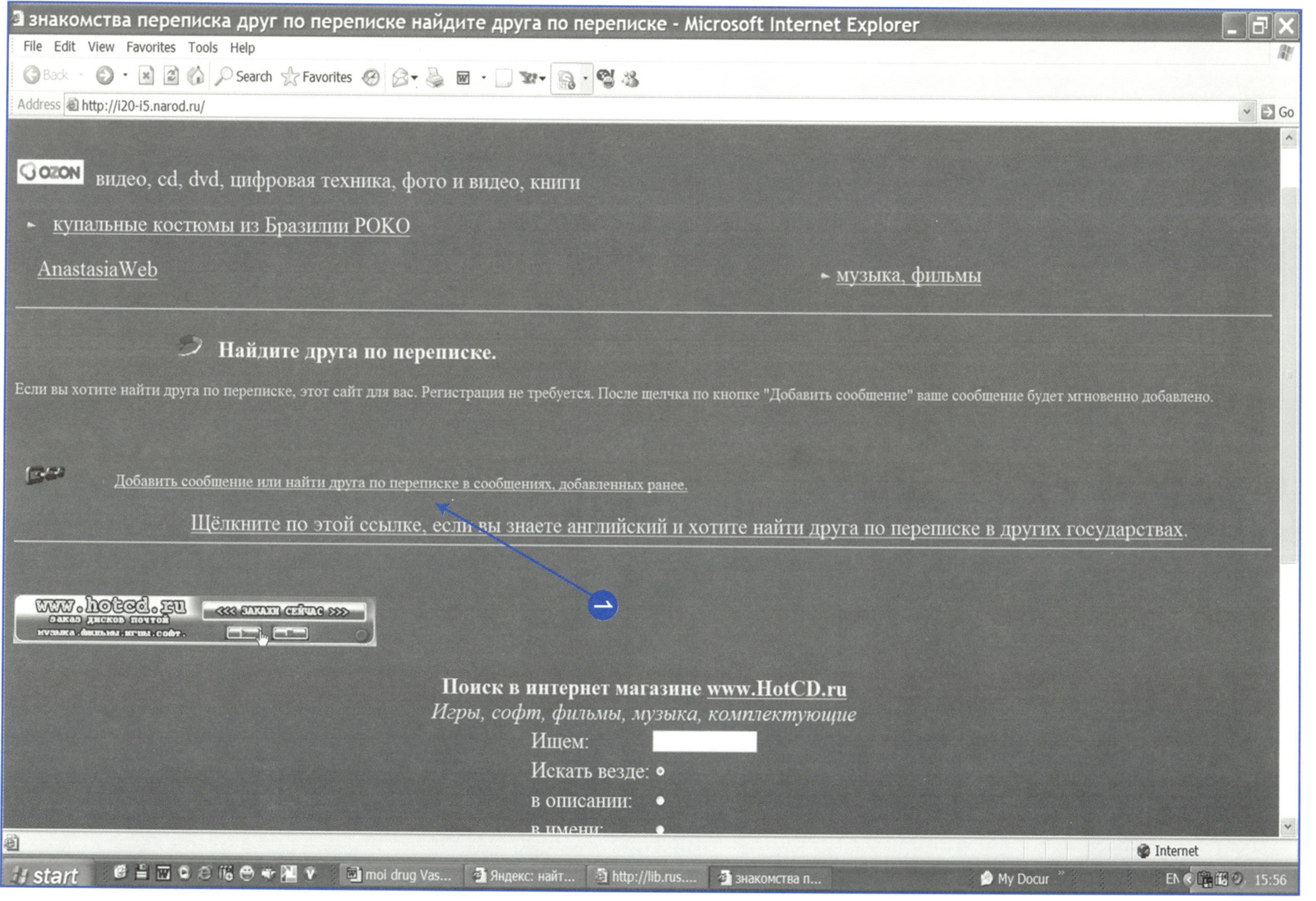

знакомства переписка друг по переписке найдите друга по переписке - Microsoft Internet Explorer
File   Edit   View   Favorites   Tools   Help
Back   Search   Favorites
Address   http://i20-i5.narod.ru/   Go
OZON   видео, cd, dvd, цифровая техника, фото и видео, книги
купальные костюмы из Бразилии РОКО
AnastasiaWeb
музыка, фильмы
Найдите друга по переписке.
Если вы хотите найти друга по переписке, этот сайт для вас. Регистрация не требуется. После щелчка по кнопке "Добавить сообщение" ваше сообщение будет мгновенно добавлено.
Добавить сообщение или найти друга по переписке в сообщениях, добавленных ранее.
Щёлкните по этой ссылке, если вы знаете английский и хотите найти друга по переписке в других государствах.
www.hotcd.ru   <<< ЗАКАЖИ СЕЙЧАС >>>
заказ дисков почтой
музыка . фильмы . игры . софт .
Поиск в интернет магазине www.HotCD.ru
Игры, софт, фильмы, музыка, комплектующие
Ищем:
Искать везде:
в описании:
в имени:
Internet
start   moi drug Vas...   Яндекс: найт...   http://lib.rus....   знакомства п...   My Docur   EN   15:56

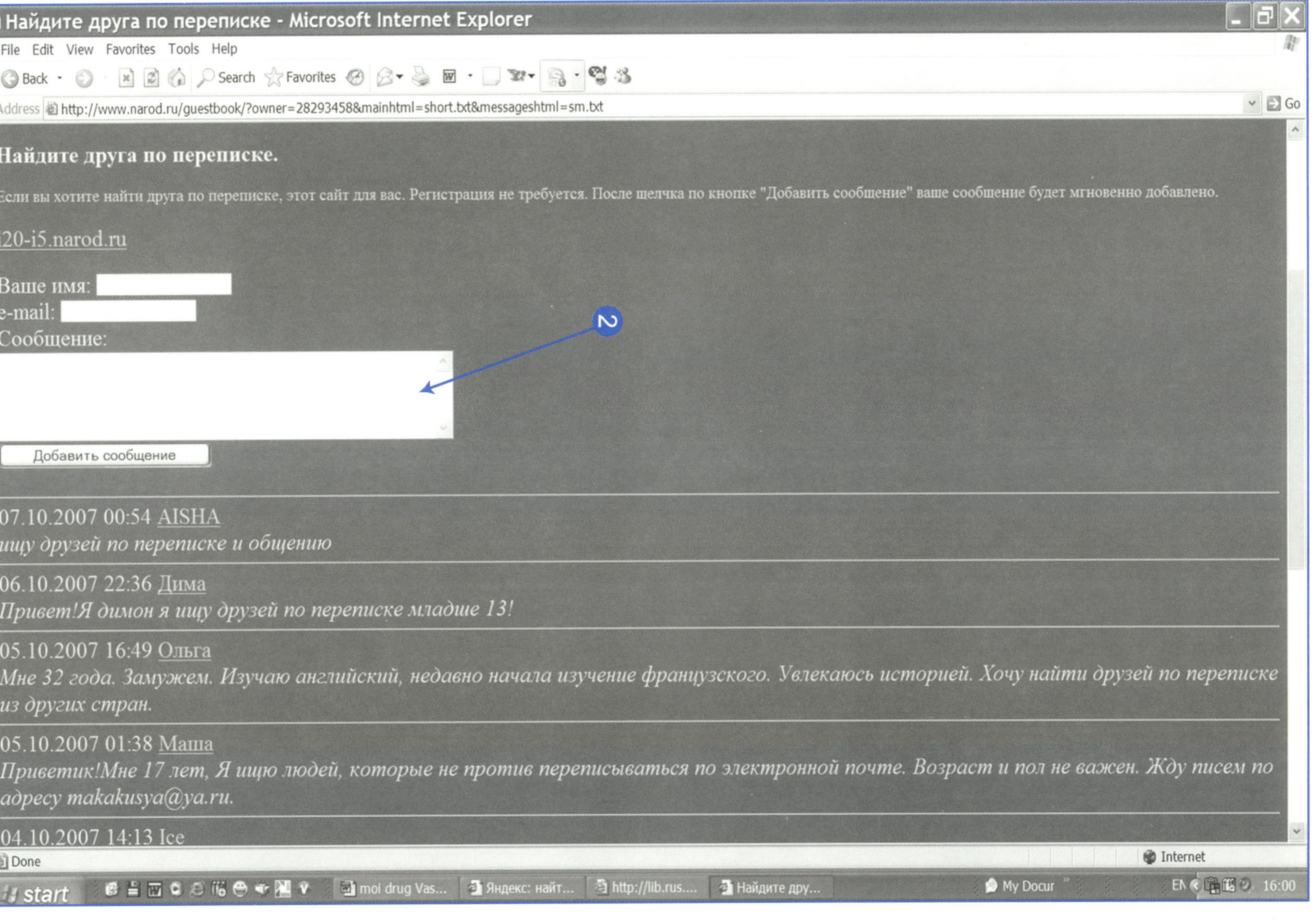

Найдите друга по переписке - Microsoft Internet Explorer
File Edit View Favorites Tools Help
Back
Search Favorites
Address http://www.narod.ru/guestbook/?owner=28293458&mainhtml=short.txt&messageshtml=sm.txt
Go
Найдите друга по переписке.
Если вы хотите найти друга по переписке, этот сайт для вас. Регистрация не требуется. После щелчка по кнопке "Добавить сообщение" ваше сообщение будет мгновенно добавлено.
i20-i5.narod.ru
Ваше имя:
e-mail:
Сообщение:
Добавить сообщение
07.10.2007 00:54 AISHA
ищу друзей по переписке и общению
06.10.2007 22:36 Дима
Привет!Я димон я ищу друзей по переписке младше 13!
05.10.2007 16:49 Ольга
Мне 32 года. Замужем. Изучаю английский, недавно начала изучение французского. Увлекаюсь историей. Хочу найти друзей по переписке из других стран.
05.10.2007 01:38 Маша
Приветик!Мне 17 лет, Я ищю людей, которые не против переписываться по электронной почте. Возраст и пол не важен. Жду писем по адресу makakusya@ya.ru.
04.10.2007 14:13 Ice
Done
Internet
start
moi drug Vas...
Яндекс: найт...
http://lib.rus...
Найдите дру...
My Docur
EN   16:00

Мы кликнули ссылку, на которую указывает стрелка 1, и вышли на такую страницу, где не надо регистрироваться, а можно просто написать сообщение, что вы ищите друзей (стр. 29, стрелка 2)

화살표 1번이 가리키는 검색결과를 클릭하면, 회원가입할 필요없이 친구찾는 글(화살표 2번)을 올리는 페이지로 이동할 수 있습니다.

## ЗАДАНИЕ 15

여러분이 펜팔 친구를 찾고 싶다면 짧은 글을 써보세요. 그 글에는 다음의 내용이 포함되어야 합니다.

Вы хотите найти друга по переписке. Напишите небольшое сообщение. В нем вы должны:

1) поздороваться;

2) написать ваше имя, возраст и пол;

3) написать, откуда вы;

4) написать, что вы хотите и почему;

5) написать, с кем бы вы хотели переписываться.

인터넷에 여러분의 자세한 정보를 올리면, 친구를 찾을 가능성은 더욱 커집니다. 다음 앙케이트를 작성해 보세요.

Вы имеете гораздо больше шансов найти друзей, если выложите в Интернет подробную анкету. Заполните анкету.

Анкета знакомств

- Ваш e-mail
- Твое имя:
- Твой возраст:
- Знак зодиака:
- Где живешь?
- Твои увлечения и интересы
- С кем хотел бы познакомиться
- Твой E-mail:
- Что еще хочешь рассказать о себе

Очистить    Отправить

# Часть 2

Что и как можно написать близкому другу,
ровеснику, младшему товарищу.

## 내 친구 바샤 카르토쉬킨

## Мой друг Вася Картошкин.

Электронное письмо отличается тем, что ваш друг получит его через несколько минут после того, как вы его послали, если он проверяет почту регулярно. Ну, в крайнем случае, через несколько дней, если у него дома нет доступа в интернет. Поэтому в наше время мы редко пишем длинные информационные письма, если общаемся достаточно регулярно.

Но иногда, если вы очень долго не писали другу, то вам приходится извиняться за долгое молчание и рассказывать новости из вашей жизни. Такое письмо получается длинным, трудным, и практически ничем не отличается от письма на бумаге.

В этой части нашей книги будет соответственно два раздела:

а) для неленивых и разумных - этот раздел для тех, кто пишет письма регулярно;

б) для ленивых и неразумных - этот раздел для тех, кто пишет письма редко.

전자우편 혹은 이메일은 보낸 지 몇 분 지나지 않아, 상대방이 메일 박스를 정기적으로 체크 한다면 바로 수신할 수 있다는 장점이 있습니다. 만약 상대방이 인터넷에 쉽게 접속 할 수 없는 경우에도 최소한 몇일 내로 편지를 확인하겠죠. 그러므로 오늘날 우리가 정기적으로 편지를 주고받는다면, 긴 편지를 쓰는 일은 거의 없습니다.

그러나 여러분이 친구에게 오랫동안 편지를 쓰지 않았다면, 이에 대한 양해를 구하고, 그간 있었던 새로운 일들을 이야기해 주어야 합니다. 그런 편지는 자연 길고 어려울 수 밖에 없으며, 종이 편지와 차이가 없을 거에요.

그래서 이 장은 다음 두 과로 나뉩니다.

1) 정기적으로 편지를 쓰는 부지런하고 영리한 사람들을 위한 1과;
2) 자주 편지 쓰지 않는 게으르고 영리하지 못한 사람들을 위한 2과

Раздел 1

# Для тех, кто пишет письма регулярно.

## 1. Мальчик пишет девочке.

## ПИСЬМО 7

### НАЧИНАЕМ ДРУЖИТЬ В ПИСЬМАХ

## Слова

| | |
|---|---|
| ➨ переписываться с кем | 편지 교환하다 |
| ➨ переписка | 편지 교환 |
| ➨ время года | 계절 |
| ➨ любимое время года | 가장 좋아하는 계절 |
| ➨ делать / сделать фотографию | 사진을 찍다 |

Привет, Наташа!

Это я, Санг Су! Помнишь? Раньше я написал, что хочу переписываться с тобой. Ты ответила, что ты не против. Вот я и пишу.

Как у тебя дела? Как погода в Иркутске? Я слышал, что в это время года у вас ещё совсем холодно! Мы, корейцы, думаем, что в России всегда холодно!

У нас зимой тоже холодно. И снег бывает, иногда даже много снега. Я посылаю тебе фотографию, которую я сделал в этом году зимой. Это Сеул! Но так много снега у нас бывает редко.

Сейчас в Сеуле уже тепло, светит солнце, можно ходить без куртки. Это моё любимое время года! А какое твоё любимое время года?

Знаешь? Ты очень красивая! Прости, пожалуйста, что я так прямо пишу, но это правда. Можно я буду писать тебе часто?

Санг Су

## ЗАДАНИЕ 17

👉 다음 질문에 답하세요.

👉 Ответьте на вопросы.

1. Как вы думаете, Санг Су и Наташа давно знают друг друга? Найдите в письме, где об этом говорится. В этом ответе и в следующих используйте выражения:

   - в своём письме он пишет, что…

   - это значит, что…

2. Кто был инициатором переписки? Найдите в письме, где об этом говорится.

3. Где живёт Наташа?

4. Как вы думаете, о чём обычно пишут люди, которые еще мало знают друг друга? Найдите в письме, где об этом говорится.

5. Как вы думаете, какое сейчас время года? Найдите в письме, где об этом говорится.

6. Как вы думаете, почему Санг Су решил переписываться с Наташей? Найдите в письме, где об этом говорится.



☛ 아래 코멘트를 읽어보세요. 오른편의 문장과 왼편을 동사를 연결해 보세요.

☛ Прочитайте комментарий. Прочитайте предложения в правом столбике и глаголы в левом. Найдите соответствия. Соедините их линией.

**КОММЕНТАРИЙ**

В письме часто используются предложения, состоящие из одного глагола:

Помнишь? Помните?
Знаешь? Знаете?
Видишь? Видите?
Видишь ли? Видите ли?
Понимаешь? Понимаете?

Люди это делают для того, чтобы создать впечатление диалога, разговора двоих участников. Эти слова ставятся перед высказыванием, к которому они относятся.

러시아어 편지에는 동사 하나로 이루어진 다음과 같은 표현이 자주 사용됩니다.

이 표현은 마치 대화하는 듯한 효과를 얻기 위해 사용합니다. 이 표현은 보통 관련된 문장의 바로 앞에 놓입니다.

<table>
<tr><td>Помнишь?</td><td>Я не мог написать тебе всю правду! Извини!</td></tr>
<tr><td>Знаешь?</td><td>Это не простой вопрос! Я не просто изучаю русский язык. Я хочу знать Россию и понимать людей.</td></tr>
<tr><td>Видишь?</td><td>Я сразу обратил на тебя внимание! Ты сразу мне понравилась!</td></tr>
<tr><td>Видишь ли?</td><td>Мы с тобой познакомились у Ивана дома.</td></tr>
<tr><td>Понимаешь?</td><td>Я умный! Правда?</td></tr>
</table>

## ПИСЬМО 8

# БОЛТАЕМ О ТОМ, О СЁМ

 Слова

- заглядывать / заглянуть в почту — 편지함을 보다
- проверять / проверить почту — 편지함을 확인하다
- посылать / послать что (приложением) — (첨부문서로) 보내다
- прилагать – приложить что (к письму) — (편지에) 첨부하다
- пёс — 개
- радоваться / обрадоваться — 기뻐하다
- удивляться / удивиться — 놀라다
- действительно — 진실로
- на самом деле — 사실은

Здравствуй, Наташа!

Я так рад, что ты ответила! Если сказать правду, то я заглядывал в почту по 3 раза в день! И вот, наконец, вчера пришло твоё письмо.

У меня дела идут нормально. На прошлой неделе у нас были экзамены. Я много занимался и очень устал. Но сейчас уже ничего. В воскресенье я спал весь день, а вечером мы вместе с друзьями пили пиво. Ты любишь пиво? Я бы хотел, чтобы однажды мы вместе сходили в наш бар «Чёрный пёс». Это самый популярный бар в нашем городе.

Спасибо тебе большое за фотографии. Ты пишешь, что ты сфотографировалась неделю назад. Ты хочешь сказать, что неделю назад в Иркутске лежал снег? Ну и ну! Вот это да! А у вас бывает лето когда-нибудь?!

Напиши мне, пожалуйста, о своей жизни. Я не очень понял, где ты учишься. Это школа или университет?

Жду твоего письма!

Санг Су

## ЗАДАНИЕ 19

☞ 다음 질문에 답하세요.

☞ Ответьте на вопросы.

1. Как вы думаете, какое время года сейчас в Иркутске? Почему вы так думаете? В ответе используйте выражения:

   - он(-а) раньше писал(-а), что…

   - сейчас он(-а) пишет, что…

2. Что любит делать Санг Су в свободное время? Где об этом говорится в письме?

3. Санг Су учится или работает?

4. Он хороший студент? Где об этом говорится в письме?

**ЗАДАНИЕ 20**

다음 문장을 읽고, 그것이 편지의 내용에 부합하는지, 부합한다면 왜 상수가 그러한 행동을 했는지 보기와 같이 설명하세요.

Прочитайте следующие утверждения. Объясните, почему Санг Су делал - сделал или чувствовал - почувствовал это. В ответе используйте выражения:

Образец:

- Да! Это так. Санг Су действительно……, потому что…….

- Нет! Это не так! На самом деле он ……..

1. Санг Су очень обрадовался.

2. Он устал.

3. Санг Су болеет.

4. Он удивился.

5. Он удивился, потому что Наташа написала ему письмо.

5. В выходные Санг Су ездил на пикник. Там он пил пиво с друзьями.

6. Он давно не проверял почту.

**ЗАДАНИЕ 21**

우리는 나타샤의 편지를 읽지는 못했지만, 그녀의 편지 내용을 짐작할 수 있습니다. 아래 글 중 그녀의 편지의 일부라고 여겨지는 것들을 골라보세요.

Мы не читали письмо Наташи, но можем догадаться, о чем она писала. Здесь приведены выдержки из писем разных людей. Найдите из них те, которые, по вашему мнению, были в письме Наташи.

 ## Слова

- комплимент — 칭찬
- провалиться на экзаменах — 시험을 망치다
- фотка = фотография — 사진
- внешность — 외모
- техникум — 기술학교

1. Привет! Как дела?

2. Извини! Я больше не хочу с тобой переписываться. Кажется, тебя интересует только моя внешность!

3. Спасибо за комплимент! Посылаю тебе мои самые свежие фотки приложением. Это мы гуляем по Иркутску в прошлое воскресенье.

4. У нас весной всегда идут дожди.

5. Я не учусь, я работаю. После школы я хотела поступить в университет, но провалилась на экзаменах… ☺

6. Я учусь в техникуме на факультете дизайна.

7. Я хотела бы, чтобы мы вместе съездили куда-нибудь в каникулы.

## ПИСЬМО 9

# В РОССИИ НЕ У ВСЕХ ЕСТЬ ДОСТУП В ИНТЕРНЕТ ДОМА

 ## Слова

- можно сказать, даже… — 심지어는 …라고 말할 수 있다
- колледж — 콜리지
- ценить / оценить, что… — 평가하다
- связано с чем … — …와 연관되다
- трудность — 어려움

Добрый вечер, дорогая Наташа!

Сейчас у нас вечер, можно сказать, даже ночь, уже почти 12. Но я могу писать письма, когда хочу. У меня Интернет есть дома. Я не знал, что у тебя дома нет Интернета! У нас в Корее у всех есть Интернет! Хорошо, что хоть в колледже (я правильно написал?) у вас можно проверить почту и написать письмо!

Я ценю, что ты мне пишешь! Ведь для тебя, оказывается, это связано с трудностями! Спасибо тебе большое! Тебе правда интересно переписываться со мной?

Пиши, пожалуйста, почаще!

Санг Су

## ЗАДАНИЕ 22

☞ 다음 질문에 답하세요.

☞ Ответьте на вопросы.

1. Почему Наташа пишет Санг Су не очень часто?

2. Санг Су часто пишет Наташе? Почему? (назовите несколько причин)

3. Почему Санг Су не сердится, что Наташа пишет не очень часто? (назовите несколько причин)

## ЗАДАНИЕ 23

☞ 아래 문장을 이어보세요.

☞ Закончите предложения.

1. Санг Су скучает ____________________, поэтому ____________

2. Он сомневается в том, что Наташе ____________________

## Слова

- скучать по кому        그리워하다
- сомневаться в чем      의심하다

**ЗАДАНИЕ 24**

우리는 나탸샤의 편지를 읽지 않았지만 그녀의 편지내용을 짐작할 수 있습니다. 아래 글중 그녀의 편지의 일부라고 여겨지는 것들을 골라보세요.

Мы не читали письмо Наташи, но можем догадаться, о чем она писала. Здесь приведены выдержки из писем разных людей. Найдите из них те, которые, по вашему мнению, были в письме Наташи.

1. Извини! Я не люблю писать письма, поэтому и пишу тебе редко.

2. Ты извини, что пишу не так часто, как хотелось бы! Видишь ли, у меня пока нету дома Интернета, и даже компьютера своего нет – только папин. А в колледже - то времени нет, то все компьютеры заняты.

3. Но ты не думай, что мне не интересно!

4. Знаешь? Вообще-то мне не очень интересно переписываться с тобой!

5. Мне папа редко разрешает пользоваться Интернетом дома.

**ЗАДАНИЕ 25**

아래 문장을 한국어로 번역하세요. 책을 덮고 한국어 문장을 다시 러시아어로 번역해 보세요.

Переведите на корейский язык. Перевод запишите. Закройте книги и переведите обратно на русский.

1. Я рад твоему письму, и ценю, что ты мне пишешь.

2. Извини, что я так редко пишу. У меня здесь нет постоянного доступа к Интернету.

3. Мне интересно переписываться с тобой.

4. Пиши почаще!

5. Я хотел бы, чтобы мы встретились когда-нибудь.



## ПИШЕМ О ЗДОРОВЬЕ И РАССКАЗЫВАЕМ ИНТЕРЕСНЫЕ ИСТОРИИ

 **Слова**

| | |
|---|---|
| обижать / обидеть кого, чем | 마음 상하게 하다. 모욕하다 |
| расстраиваться / расстроиться | 실망하다 |
| сразу же | 곧바로 |
| как ты себя чувствуешь? | 건강은 어떠니? |
| я надеюсь, что… | 나는 희망한다 |
| я уверен(а), что … | 나는 확신한다 |
| значит, … | 즉… |
| однажды | 어느날 |
| болен(больна, больны) | 아프다 |
| грипп | 독감 |
| высокая температура | 열 |
| пить / выпить лекарство | 약을 먹다 |
| плестись / поплестись куда | 느릿느릿 걸어가다 |
| останавливаться / остановиться | 멈추다 |
| подходить / подойти к кому | 다가가다 |
| пугаться / испугаться | 겁을 먹다 |
| ничего себе! | 깜짝 놀랐어! |
| врать / наврать | 거짓말하다 |
| пуститься бежать | 달리기 시작하다 |
| падать / упасть | 넘어지다, 쓰러지다 |
| упал(а) со всего размаху | 꽈당 넘어지다 |
| лежать / полежать | 눕다 |
| засыпать / заснуть | 잠들다 |
| присниться | 꿈에 보이다 |
| верить / поверить | 믿다 |

Дорогая Наташенька!

Я думал, что я обидел тебя чем-то, и ты больше не хочешь мне писать. Поэтому, когда я прочитал сегодня утром, что ты болела, я очень расстроился, конечно. ☺ Но и был рад, что ты здесь. Я не мог написать тебе сразу же, потому что у меня были занятия. Сейчас я уже дома, и вот пишу.

Как ты себя чувствуешь сейчас? Я надеюсь, что лучше! Я уверен, что лучше! Ведь у тебя дома нет Интернета! Значит, ты писала мне письмо из колледжа. А это значит, что ты ходишь на занятия. И даже заходишь в Интернет! А это значит, что тебе лучше! (Я умный, да? ☺ )

Вот я расскажу тебе одну историю. Однажды, когда я учился в школе, я заболел. Ну, грипп, как обычно: высокая температура, слабость и т.д. Но будет тебе известно, что у нас в Корее – это не то, что у вас! Мы не можем лежать дома неделю или две! Если ты болен – иди к врачу! Пей лекарства – и иди на занятия!

Ну, выпил я лекарство – и поплёлся в школу. Вдруг рядом со мной останавливается машина, и из нее выходит девочка. Подходит она ко мне и говорит: 《А ты русский язык выучил?!!》. А я испугался, и говорю: 《Выучил! А что?》 Она говорит: 《Тогда поехали!》. Я спрашиваю: куда поехали? А она говорит - в Россию. Ничего себе! А я ведь наврал, что русский язык выучил! Надо удирать! Ну, пустился я бежать. И со всего размаху так и упал!

Открываю я глаза – и вижу, что я лежу дома на полу. Оказывается, когда я выпил лекарство, я решил полежать 5 минут. И конечно, заснул.

Но самое интересное знаешь что? Та девочка – это была ты! Не веришь?
Пиши!
Санг Су

☛ 다음 문장을 읽어보세요. 그것이 텍스트의 내용에 부합하는지, 그렇지 않으면 원래는 어떠했는지 말해보세요. 연습문제 20의 보기를 사용하세요.

☛ Прочитайте утверждение. Если они правильные, то согласитесь. Если нет - объясните, как было дело (см. выражения из ЗАДАНИЯ 20)

## Слова

- пропадать / пропасть — 사라지다
- сниться / присниться кому — 꿈에 보이다
- видеть / увидеть во сне — 꿈에 보다

1. Наташа долго не писала, потому что она обиделась на Санг Су.

2. Санг Су хотел ответить сразу же, но у него не было доступа к Интернету.

3. Санг Су понял, что Наташе лучше, потому что она позвонила ему по телефону.

4. В Корее нельзя болеть долго.

5. В России можно лежать дома и не ходить на занятия, если ты болен.

6. Санг Су встречал Наташу раньше, но забыл об этом.

7. Санг Су поехал в Россию, чтобы изучать русский язык.

8. Санг Су правда видел такой сон.



☛ 다음 질문에 답하고, 왜 그렇게 생각하는지 이야기해 보세요.

☛ Скажите, пожалуйста:

1) ... вы поверили Санг Су?

2) ... как вы думаете, Наташа поверила Санг Су?

☞ 우리는 나탸샤의 편지를 읽지 않았지만 그녀의 편지내용을 짐작할 수 있습니다. 아래 글중 그녀의 편지의 일부라고 여겨지는 것들을 골라보세요.

☞ Мы не читали письмо Наташи, но можем догадаться, о чём она писала. Здесь приведены выдержки из писем разных людей. Найдите из них те, которые, по вашему мнению, были в письме Наташи.

### Слова

☞ шевелить / пошевелить чем      움직이다
☞ ладно уж!      할 수 없지 뭐, 좋아

1. Знаешь! Ты меня очень обидел! Я даже совсем не хотела тебе писать! Но потом простила! Ладно уж!

2. Прости пожалуйста, что я пропала надолго! Дело в том, что я проболела целую неделю. Лежала дома, не могла пошевелить ни ногой, ни рукой. И сейчас ещё чувствую слабость!

3. Мне было совсем некогда писать тебе. Столько занятий! Просто ужас!



☞ 아래 문장을 한국어로 번역하세요. 책을 덮고 한국어 문장을 다시 러시아어로 번역해 보세요.

☞ Переведите на корейский язык. Перевод запишите. Закройте книги и переведите обратно на русский.

1. Я очень расстроился!

2. Я не мог написать тебе сразу же.

3. Я думал, что обидел тебя чем-нибудь.

4. Я надеюсь, что ты чувствуешь себя лучше.

5. Не болей больше!

6. – Почему ты не писала?

- Я проболела две недели! Лежала в больнице!

- В больнице лежала?!! Ничего себе! А как сейчас? Лучше?



## ПИШЕМ О ТОМ, ЧТО И ОТКУДА В КОРЕЕ ИЗВЕСТНО О РОССИИ. НЕ УСПЕВАЕМ ДОПИСАТЬ ПИСЬМО

### Слова

| | |
|---|---|
| родственный | 친척의, 친근한 |
| верить – поверить (в историю, в судьбу, во сны) | (이야기를, 운명을, 꿈을) 믿다 |
| представлять / представить себе | 상상하다 |
| похож (-а, -е, -и) на кого, на что | 닮다 |
| показать / показывать по телевизору что, кого | 텔레비전으로 보여주다 |
| негативная информация | 부정적인 정보 |
| позитивная информация | 긍정적인 정보 |
| устаревший | 낡은 |
| бездомный | 집이 없는 |
| специалист | 전문가 |
| программка | 프로그램 |
| До связи! | 다음에 연락할 때까지! |

Здравствуй, милая моя Наташенька!

Ты поверила в мою историю! Ты даже не можешь представить себе, как это было для меня важно! Ведь я на самом деле видел тебя во сне! Ну, может быть, не тебя, но та девочка была на тебя очень похожа. Я и русский язык начал учить именно поэтому!

Я не знал, что русские люди верят во сны и в судьбу. Мы здесь не очень много знаем о русских. По телевизору очень редко показывают сюжеты о России. И чаще всего это какая-то негативная информация: какие-то бездомные дети, устаревшие заводы. Но иногда показывают ваших ученых. Они кажутся очень умными. Здесь на фирме Самсунг и в других фирмах работает много русских специалистов.

Но что мы знаем лучше всего – это вашу музыку, балет. Российские артисты часто приезжают к нам. Я сам несколько раз ходил в театр смотреть русских артистов. Я даже помню несколько фамилий: Плетнёв, Дудин, и ещё один – я не очень помню. Это театр балета из Петербурга. … А! Вот! Нашёл программку. Эйфмана. Ты знаешь их?

Извини! Сейчас мне нужно бежать! До связи!

Санг Су

## ЗАДАНИЕ **30**

☞ 다음 질문에 답하세요.

☞ Ответьте на вопросы.

1. Наташа поверила в историю, которую рассказал Санг Су? Как вы думаете, почему?

2. А корейцы верят во сны? Как вы думаете, почему?

3. А вы верите во сны? Например?

4. Вы видели когда-нибудь по телевизору сюжеты о России? Это была негативная или позитивная информация? Что или кого показывали в этой передаче?

5. Вы знаете, кто такие Плетнёв, Дудин и Эйфман? Почему Санг Су написал фамилию неправильно: не Эйфман, а Эйфмана? Если не знаете, посмотрите на странице 52.

6. Вы были когда-нибудь на концерте русских артистов? Что это было: драматический спектакль, балет или концерт? Вы не помните имена артистов или музыкантов?

7. Санг Су написал это письмо ночью? Найдите в письме, где об этом говорится.



👉 아래 문장을 한국어로 번역하세요. 책을 덮고 한국어 문장을 다시 러시아어로 번역해 보세요.

👉 Переведите на корейский язык. Перевод запишите. Закройте книги и переведите обратно на русский.

1. Ты даже представить себе не можешь, как для меня это важно!

2. Я верю в судьбу. А ты?

3. У нас не часто показывают по телевизору сюжеты о России.

4. Что я знаю лучше всего – так это современную корейскую музыку.

5. Сейчас мне нужно бежать! Дела, дела!

6. Пока! До связи!



👉 우리는 나타샤의 편지를 읽지 않았지만 그녀의 편지내용을 짐작할 수 있습니다. 아래 글 중 그녀의 편지의 일부라고 여겨지는 것들을 골라보세요.

👉 Мы не читали предыдущее письмо Наташи, но можем догадаться, о чём она писала раньше. Здесь приведены выдержки из писем разных людей. Найдите из них те, которые, по вашему мнению, были в письме Наташи.

1. Знаешь? У нас есть такая песня:

《Я тебе, конечно, верю!

Разве могут быть сомненья?

Я и сам всё это видел!

Это наш с тобой секрет,

Наш с тобой секрет!》

Песня, правда, старая, но мне очень нравится. Я тоже иногда вижу странные сны!

2. Видишь ли! Я думаю, что это глупо – верить во сны. Учёные считают, что просто наш мозг отдыхает, когда мы видим сны.

3. Скажи, пожалуйста, а вы в Корее много знаете о России?

4. Мы здесь о Корее знаем, в основном, то, что у вас есть четыре фирмы: Самсунг, Хёндай, LG и Дэу. У нас в городе половина машин – Хёндай, а половина телевизоров - LG. Кстати, у меня фотоаппарат – Самсунг.

**ЗАДАНИЕ 33** ------------------------------------------------

☛ 아래 나타샤가 상수의 편지 11에 답장한 글을 읽어보세요. 이 글이 편지 11의 어떤 부분에 대한 답인지 찾아보세요.

☛ Прочитайте, что написала Наташа в своем ответе Сан Су на письмо 11. Найдите в письме 11, на какую часть этого письма она отвечала.

## Слова

| | |
|---|---|
| ☛ Ого! | 아하! |
| ☛ гадать на кофейной гуще | 커피 찌꺼기로 점을 치다 |
| ☛ Уж не ты ли? | 혹시 너 아니니? |

1. Ого! А я и не знала, что в Корее вообще знают о нашем искусстве. Я, конечно, знаю все эти фамилии, но сама видела их спектакли только по телевизору!

2. Веришь ли? А мне одна женщина гадала на кофейной гуще. И сказала, что я выйду за муж за нерусского!  Уж не за тебя ли :)?

3. Кстати, у нас в колледже учился один парнишка – Дима зовут. Кажется, программист. Говорят, он сейчас работает у вас на Самсунге!



Эйфман – фамилия основателя театра балета. Этот театр называют театром Эйфмана. Так было написано в программке, поэтому Санг Су написал «Эйфмана». Он думал, что это фамилия такая.

Плетнёв – фамилия основателя симфонического оркестра

Дудин – фамилия главного режиссера Большого Драматического театра в Петербурге

에이프만은 발레 극장을 세운 예술가의 성입니다. 그가 세운 극장을 театр Эйфмана라고 합니다. 이때, Эйф-мана는 Эйфман의 생격입니다. 극장의 안내서에 театр Эйфмана라고 씌여있는 것을 보고, 상수는 그의 성이 Эйфмана라고 생각했습니다.

플레트뇨프는 심포니 오케스트라를 세운 사람의 성입니다.

두딘은 페체르부르그에 있는 대드라마 극장의 상임연출자 이름입니다.

# ОПИСЫВАЕМ БЫТОВЫЕ ДЕТАЛИ. БОИМСЯ, ЧТО ПИШЕМ ЧТО-ТО НЕ ТО. ХВАЛИМСЯ. БЛАГОДАРИМ.

## Слова

| | |
|---|---|
| солнышко | 태양의 지소형 애칭 |
| быт | 생활 관습, 생활 풍속 |
| терять / потерять сознание | 의식을 잃다 |
| пол | 마루, 바닥 |
| традиция | 전통 |
| система отопления | 난방 시스템 |
| старинный | 오래된 |
| подогревать / подогреть пол | 바닥을 덥히다 |
| кайф | 사치 |
| гордиться кем, чем | 자랑스러워 하다 |
| иметь в виду | 염두에 두다, 의미하다 |
| запутываться / запутаться | 뒤얽히다. 헤매다 |
| сменить тему | 주제를 바꾸다 |
| спасибо за комплимент! | 칭찬해줘서 고마워 |
| На сегодня всё | 오늘은 이게 전부야 |
| малыш | 아기 |

**ТЕМА :** Наш быт и мой русский друг

Здравствуй, солнышко моё!

Нет, я не упал и не потерял сознание в тот день, когда я увидел сон. Дело в том, что у нас традиционно люди спят на полу. Когда зимой холодно, то мы подогреваем пол. Это старинная система отопления. Ты даже себе не представляешь, какой это кайф, особенно зимой! (Видишь? Я способный ученик и запомнил твоё интересное слово – кайф). Мы кладем на пол матрасы. Сейчас, конечно, уже многие люди спят на кровати. Но я люблю спать на полу! Ты обязательно должна приехать в Корею и тоже поспать на полу! Ой! Извини! Кажется, я написал что-то не то. Я ничего такого не имел в виду! Просто я хотел, чтобы ты увидела, как я сплю.  Фу ты! Кажется, я совсем запутался и пишу что-то совсем не то. Давай сменим тему!

Большое спасибо тебе за комплимент! Я без ложной скромности хочу сказать, что я самый лучший студент у нас на курсе. Ты можешь гордиться мной! И всё это благодаря тебе! Ты знаешь, сколько времени я пишу каждое письмо? Нет, ты не знаешь! Иногда два дня! Кстати, мне помогает один мой русский друг. Его зовут Вася, его фамилия Картошкин. Он инженер, работает на Самсунге, как ваш парень Дима. Мы познакомились в церкви. Я помогаю ему учить корейский язык, а он помогает мне писать письма.

Сегодня я очень устал. Было много занятий. Поэтому на сегодня всё.

Пока, малыш!

Санг Су

## ЗАДАНИЕ 34

☞ 다음 문장을 읽어보세요. 텍스트의 내용에 부합하는지, 그렇지 않으면 원래는 어떠했는지 말해보세요. 연습문제 20의 보기를 참고하세요.

☞ Прочитайте утверждения. Если они правильные, то согласитесь. Если нет – объясните, как было дело (см. выражения из Задания 20)

## Слова

| | |
|---|---|
| ☞ наглый | 뻔뻔한 |
| ☞ глупый | 우둔한 |
| ☞ хвалиться / похвалиться | 자랑하다 |
| ☞ он знает себе цену | 그는 자신의 가치를 안다 |
| ☞ с трудом | 힘들게 |
| ☞ без труда | 어렵지 않게 |

1. В конце истории из письма 10 Санг Су понял, что он лежит на полу.

2. Наташа подумала, что Санг Су лежал на полу, потому что он упал и потерял сознание из-за высокой температуры.

3. Санг Су лежал на полу, потому что он упал и потерял сознание из-за высокой температуры.

4. Корейцы зимой подогревают пол, чтобы подогреть еду.

5. Зимой спать на полу – это кайф!

6. Санг Су пригласил Наташу в гости, чтобы поспать вместе с ней на полу.

7. Он пригласил Наташу в Корею, чтобы она поспала на полу.

8. Санг Су – не наглый человек.

9. Санг Су любит похвалиться, потому что он глупый.

10. Санг Су – прекрасный студент, и он без труда и быстро пишет письма Наташе.

11. У Санг Су есть русский друг. Он тоже студент.

**ЗАДАНИЕ 35**

👉 다음 문장을 읽고 적당한 동사를 골라서 알맞은 형태로 고치세요.

👉 Прочитайте предложения. Выберите нужный глагол и напишите его в правильной форме.

---

чтобы

**Он** пригласил Наташу в Корею, <u>чтобы **она**</u> поспала на полу.

**Он** пригласил Катю в Корею, <u>чтобы *поспать*</u> на полу вместе.

---

В предложениях с союзом <u>чтобы</u> в придаточном предложении глагол может стоять или в прошедшем времени, или в инфинитиве. Если в главном и в придаточном предложении два разных субъекта, то глагол стоит в прошедшем времени. Если в придаточном предложении тот же деятель, что и в главном, то глагол стоит в инфинитиве.

접속사 чтобы 로 연결된 종속문에서 동사는 과거시제나 원형으로만 사용될 수 있습니다. 만약 주절과 종속절의 주어가 동일하지 않으면 동사는 과거형을 취합니다. 주절과 종속절의 주어가 동일하면, 동사는 원형을 취합니다.

1. Санг Су хотел бы, чтобы Наташа ____________________ в Корею.

2. Сан Су хотел бы поехать в Россию, чтобы ____________________ Наташу.

3. В Корее люди подогревают пол, чтобы в комнате __________ тепло.

4. Наташа задаёт Санг Су много вопросов, чтобы побольше __________ о Корее.

5. Я хочу, чтобы ты правильно __________ меня.

6. Я бы хотел, чтобы однажды мы вместе __________ в наш бар 《Чёрный пёс》

<u>Глаголы</u>: приехать,  узнать, понять, сходить, стать, увидеть,

ЗАДАНИЕ 36

👉 아래 문장을 한국어로 번역하세요. 책을 덮고 한국어 문장을 다시 러시아어로 번역해 보세요.

👉 Переведите на корейский язык. Перевод запишите. Закройте книги и переведите обратно на русский язык.

1. Дело в том, что у нас в Корее другая система отопления.

2. Ты даже себе не представляешь, какой это кайф!

3. Без ложной скромности скажу, что я делаю успехи.

4. Кажется,  я пишу что-то не то.

5. Извини! Кажется, я совсем запутался.

6. Я ничего такого не имел в виду!

7. Фу ты! Давай сменим тему!

8. На сегодня всё!




☛ 러시아 친구가 보낸 아래 편지 글에 답해보세요.

☛ Прочитайте строки из письма вашего русского друга. Напишите ответную реплику.

**КОММЕНТАРИЙ**

Слово ⟨это⟩ ставится после вопросительного слова, если человек хочет выразить крайнее удивление и / или не очень одобряет ситуацию. Например:

Почему это вы спите на полу? (в обращении к достаточно близкому человеку)

Что это ты мне написал? (неодобрение)

Как это тебе удалось купить такой дешевый билет? (удивление)

Где это ты так долго пропадал? (удивление и неодобрение)

만약 여러분이 매우 강한 놀람을 표현하거나, 상대방의 행동에 대한 불만을 제기할 때, Это를 의문사 뒤에 놓습니다.

Почему это вы спите на полу? (아주 친한 친구에게)

Что это ты мне написал? (불만)

Как это тебе удалось купить такой дешевый билет? (놀람)

Где это ты так долго пропадал? (놀람과 불평)

1. – Я думаю, что ты умный парень (…что ты умная девушка)!

   - ________________________________

2. – Как это ты мог (могла) написать такое?!!

   - ________________________________

3. – Мне хотелось бы посмотреть, как ты живёшь.

   - ________________________________

4. – Вообще-то, я учусь так себе! Просто не стараюсь, хотя мог (могла) бы. У нас говорят: лень-матушка раньше меня родилась! А как ты?

   - ________________________________

5. – Я не совсем поняла! Почему это вы спите на полу?

   – _______________________________

6. – Почему это ты пишешь, что тебе не нравится моя последняя
фотография? Ты что, думаешь, что я толстый и некрасивый (толстая и
некрасивая), да?

   – _______________________________



## ГОВОРИМ КОМПЛИМЕНТЫ. СООБЩАЕМ СЮРПРИЗ

## Слова

| | |
|---|---|
| наверное | 아마 |
| действовать / подействовать на кого | 영향을 가하다 |
| комплимент в чей адрес | ~에 대한 칭찬, 아부 |
| у нас принято + inf. | 우리는 일반적으로 ~한다 |
| не могу не сказать | 말하지 않을 수 없다 |
| настоящий | 진짜의 |
| портрет | 초상화 |
| курсовая работа | 학년말 페이퍼 |
| сейчас как раз время + чего / inf. | 지금은 마침 ~을 할 시간이다 |
| агаааа! | 아하! |
| практика | 실습 |
| здóрово! | 멋지다! |
| навеки | 영원히 |

Здравствуй, девочка моя!

Наверное, весна действует на людей не только в России! Или я уже почти русский :)!

Мой русский друг (не помню, писал ли я, что его зовут Вася, фамилия Картошкин) сказал мне, что в России девочки очень любят слышать комплименты в свой адрес. У нас в Корее не принято говорить комплименты девочке. Но я не могу не сказать тебе, какая ты необыкновенная. Я очень рад, что нашёл тебя.

Спасибо тебе огромное за твои рисунки! Я не ожидал, что ты так хорошо рисуешь! Ты просто настоящая художница! Я хочу, чтобы ты нарисовала мой портрет. Пусть это будет твоя курсовая работа, а?

Как это сделать? Агаааа!!! Вот сейчас как раз время сюрприза! Летом группа студентов с нашего факультета едет во Владивосток на практику. Мы будем преподавать корейский язык для русских корейцев. И я тоже еду! Здорово, да? Правда, Владивосток – это не Иркутск, но у меня будет одна неделя для отдыха. Я прилечу к тебе на крыльях любви! Прости! Вася сказал, что так можно написать. Но если сказать правду, то, кажется, я и в самом деле влюбился :) :) :)

…

Твой навеки, Санг Су

**ЗАДАНИЕ 38**

☛ 편지의 서두에서 상수는 《Наверное, весна действует на людей не только в России! Или я уже почти русский ☺!》라고 썼습니다. 그가 의미하는 것은 무엇일까요?

☛ В начале письма Санг Су пишет: 《Наверное, весна действует на людей не только в России! Или я уже почти русский ☺!》 Как вы думаете, что он имел в виду (если можно, выберите несколько утверждений) :

а) весной люди много болеют;

б) весной люди всё время хотят спать

в) весной у людей одна любовь на уме

г) весной все девушки кажутся красивыми, а все парни кажутся настоящими мужчинами

д) весной совсем не хочется заниматься

ж) весной все люди красивые, потому что не надо надевать тёплую одежду.

## Слова

| | |
|---|---|
| казаться каким | ~처럼 보이다 |
| идиотская улыбка | 바보 같은 미소 |
| сходить / сойти с ума | 미치다 |
| сводить / свести с ума кого | 미치게 하다 |

**ЗАДАНИЕ 39**

다음 글에서 나타샤가 이전에 상수에게 보낸 편지글을 찾아보세요.

Прочитайте несколько выдержек из писем разных людей. Найдите выдержку из письма Наташи, на которую он отвечает.

а) Наконец-то и в Иркутск пришла весна. Весной я всегда болею.

Б) Наконец-то и в Иркутск пришла весна. Стало жарко.

В) Наконец-то и в Иркутск пришла весна. После долгой зимы в воздухе совсем особенный запах. Мы говорим: воздух пахнет весной. Этот запах просто сводит с ума. У всех людей на лице идиотская улыбка, и у всех голова совсем идёт кругом. Кажется, что у всех на уме одна любовь!

Г) Наконец-то и в Иркутск пришла весна! Весной я всегда хочу спать.

Д) Наконец-то и в Иркутск пришла весна! Можно не надевать зимнее пальто и эти ужасные шапки.

여러분은 봄에 어떤 감정을 느끼는지 이야기해 보세요.

Скажите, пожалуйста, что испытывают люди в Корее, когда приходит весна?



7번부터 12번까지의 편지를 다시 빨리 읽어보세요. 상수가 왜 편지의 제목을 그와 같이 정했는지 다음 단어를 사용해서 설명해보세요.

Быстро просмотрите письма с 7 по 12. Ниже прочитайте темы всех писем. Попытайтесь объяснить, почему Санг Су решил именно так сформулировать тему.

## Слова

- сообщать / сообщить кому  что ....   ~에게 ~을 알려주다
- беспокоиться / забеспокоиться   걱정하다

7. Привет из Сеула.

8. Экзамены, пиво и снег.

9. Интернет и интересные письма.

10. Где же ты пропала?...

11. Родственные души.

12. Наш быт и мой русский друг.

☛ 질문에 답하세요.

Ответьте на вопросы.

## Слова

- приложение     부록, 첨부문서
- присылать / прислать приложением     부록, 첨부문서로 보내다
- художница     여자 예술가

1. Как вы думаете, на каком факультете учится Наташа? Где об этом говорится в письме?

2. Что прислала Наташа в приложении? Где об этом говорится в письме?

3. Как вы думаете, почему Санг Су говорит, что Наташа – настоящая художница?



☛ 아래 문장을 한국어로 번역하세요. 책을 덮고 다시 러시아어로 번역해 보세요.

☛ Переведите на корейский язык. Закройте книги. Переведите обратно на русский язык.

1. В любой стране мира девочки, девушки, женщины и бабушки любят слышать комплименты в свой адрес.

2. В Корее не принято курить на улице.

3. Я не могу не написать тебе всю правду.

4. Сейчас как раз время сюрприза.

5. Летом мы едем на практику в Россию.

6. Я хочу с тобой переписываться. Правда, я еще плохо пишу по-русски, но я буду стараться.

7. Если сказать правду, то я мало знаю о России.



☛ 보기와 같이 아래 문장에 덧붙여서 이전 편지의 내용을 상기시켜 보세요.

☛ Прочитайте предложения из ответных писем разных людей. Дополните их предложениями, в которых вы напоминаете информацию из ваших предыдущих писем.

## КОММЕНТАРИЙ

Вам довольно часто приходится напоминать вашему адресату, о чем он(а) писал(а) раньше. Это бывает в том случае, если вы не писали друг другу какое-то время, или если вы отвечаете на какую-то часть старого письма, или для вас не просто ответить на вопрос.

○ В этом случае часто употребляются такие выражения:

- Помнишь, ты писал(а) мне о + чем / что ….. ?

- Помнишь, я писал(а) тебе о + чем / что ….. ?

- Ты пишешь о + чем / что ….. ?

- Раньше ты спрашивал(а) меня, …..

- Как-то раз ты спросил(а) меня, …..

- Ты спрашиваешь, ……..

○ Придаточное предложение после глагола спрашивать – спросить бывает двух типов:

а) в придаточном предложении есть вопросительное слово, например:

- Ты спрашиваешь, когда я приеду.

- Помнишь, ты спрашивала, что это за город

б) если в придаточном предложении нету вопросительного слова, то нужно найти информационный центр вашей идеи,

상대방에게 이전의 편지 내용을 상기시켜야 할 때가 있습니다. 예를 들어, 여러분이 오랫동안 편지를 쓰지 않았다던가, 옛날 편지의 질문에 답하지 않았다던가, 또는 여러분이 질문에 금방 답할 수 없었을 때 그러할 것입니다.

• 이 경우 아래와 같은 표현이 자주 사용됩니다.
- Помнишь, ты писал(а) мне о + чем / что ….. ?
- Помнишь, я писал(а) тебе о + чем / что …..?
- Ты пишешь о + чем/ что.. ?
- Раньше ты спрашивал(а) меня, …..
- Как-то раз ты спросил(а) меня, …..
- Ты спрашиваешь, ……..

спрашивать – спросить 동사 다음에 오는 보문은 두가지 유형이 있습니다.

1) 의문사가 있는 유형:
- Ты спрашиваешь, когда я приеду.
- Помнишь, ты спрашивала, что это за город.

2) 의문사가 없고 키워드가 되는 중요한 단어를 보문의 앞으로 이동시키고, 그 뒤에 조사 ли를 첨가하는 유형:

поставить главное слово после запятой, а после него поставить частицу ли, например:

- Ты спрашиваешь, приеду ли я в Россию.

- Помнишь, ты спрашивала, есть ли у меня кот или собака.

о Ваш ответ после того, как вы напомнили тему или вопрос, часто начинается такими словами:

- Так вот!

- Дело обстоит так.

- Видишь ли?

- Рассказываю.

- Вопрос, конечно, интересный.

- Ты спрашиваешь, приеду ли я в Россию.

- Помнишь, ты спрашивала, есть ли у меня кот или собака.

이전 정보를 상기시킨 후에는 다음과 같은 문구가 뒤따릅니다.
- Так вот!
- Дело обстоит так.
- Видишь ли?
- Рассказываю.
- Вопрос, конечно, интересный.



______________? Так вот! К сожалению, Вася вчера уехал домой в Россию. Я буду скучать без него! → **Помнишь, я писал тебе о моём русском друге – его зовут Вася?** Так вот! К сожалению, Вася вчера уехал домой в Россию. Я буду скучать без него!

1. ______________? Так вот! Я сдал(а) все экзамены на 《А》.

2. ______________. Рассказываю. 《Чёрный пёс》 - это замечательный маленький бар. Там всегда чисто, играет хорошая музыка и там можно сидеть всю ночь,

3. ______________. Видишь ли, сейчас я не могу сказать точно. Я ещё не купил(а) билет на самолет.

4. ______________. Вопрос, конечно, интересный! Честно говоря, я никогда не думал(а) об этом. Сказать правду, у нас в Корее мужчины почему-то стыдятся говорить комплименты.

5. _______________. Дело обстоит так. Все школьники сдают общий выпускной экзамен по всем предметам сразу. Это происходит в один день по всей Корее. По итогам экзамена мы можем выбрать только определённый университет.



## СООБЩАЕМ О ПРИЕЗДЕ, БОЛТАЕМ О ТОМ, ГДЕ МЫ СОБИРАЕМСЯ ОСТАНОВИТЬСЯ, И О ПОДАРКАХ

## Слова

| | |
|---|---|
| малыш | 아기 |
| рейс | 비행기 편명, 항로 |
| классный | 아주 훌륭한 |
| классно! | 좋았어! |
| потрясающий | 깜짝 놀랄만한 |
| останавливаться / остановиться | 멈추다, 머무르다 |
| во всяком случае | 어떤 경우에라도 |
| стесняться / постесняться + inf | 쑥쓰러워하다 |
| нет, не то! | 아니야, 그게 아냐! |
| я даже в мыслях не держал(а) чего-то | 나는 그런 생각조차 해본적 없다 |
| воспитанный | 잘 자란, 교양있는 |
| пробовать / попробовать | 시도하다 |
| короче говоря | 짧게 말해 |
| я жду - не дождусь | 나는 학수고대한다 |

Привет, малыш!

Мой самолёт прилетает в Иркутск 15 июля в 18:10, рейс С7 3276.

Это классно, что вы меня встретите! У тебя потрясающие родители! Мои бы, наверное, не разрешили, чтобы ты остановилась у меня. Хотя я не знаю. Может быть, и разрешили бы. Во всяком случае, я бы постеснялся спросить. Наверное, это я такой … мммм …. несовременный? Нет, не то! Просто я кореец. Вот и всё.

Я даже и в мыслях не держал, что мы будем спать в одной комнате! Ты что! Пусть мама не беспокоится! Я хороший мальчик, воспитанный!

Я привезу тебе красивое платье и много кимчи ;).
Ты любишь кимчи? Это шутка, конечно! Но ты обязательно должна попробовать кимчи!

Короче, я жду - не дождусь, когда мы, наконец, увидимся!

Теперь уже до встречи – твой любящий (и любимый?) корейский друг Ким Санг Су

## ЗАДАНИЕ 45

☞ 질문에 답하세요.

☞ Ответьте на вопросы.

1. Зачем Санг Су едет в Россию? В какой город он летит сначала, и в какой – потом?

2. Почему Санг Су считает, что у Наташи потрясающие родители?

3. Почему Санг Су говорит: 《Просто я кореец. Вот и всё》. Что не принято в Корее?

4. Почему Санг Су пишет слово любимый в скобках : (любимый)?

☞ 상수와 나타샤의 편지에 다음과 같은 표현이 있다면 누가 누구를 좋아하는 것인지 말해 보세요.

☞ Скажите, кто любит кого: Санг любит Наташу, или Наташа любит Санг Су, если они пишут так.

Санг Су: моя любимая Наташа.

Наташа: мой любимый Санг Су

Санг Су: твой любящий Санг Су

Наташа:  твоя любящая Наташа



☞ 아래 문장을 보기와 같이 но не могу를 덧붙여서 바꾸세요.

☞ Прочитайте утверждения в будущем времени. Измените их так, чтобы к ним можно было добавить фразу ⟨но не могу⟩.

**КОММЕНТАРИЙ**

Частица <u>бы</u> показывает, что говорящий высказывает предположение о том, чего на самом деле не было или не может произойти по какой-то причине. Глагол используется в прошедшем времени.

Например:

- Мои родители не разрешили бы тебе остановиться у нас дома.

- Я постеснялся бы спросить.

조사 бы는 불가능한 일에 대한 가정을 나타냅니다. 이때 동사는 과거시제를 취합니다.

**Образец:**

Я встречу тебя в аэропорту.

**– Я встретил(а) бы тебя в аэропорту, но не могу.**

1. Я приеду летом.

2. Я привезу тебе дорогой подарок.

3. Я женюсь на тебе.

4. Я выйду за тебя замуж.

5. Я напишу тебе всю правду.

6. Я остановлюсь у тебя дома.

7. Я нарисую твой портрет.

## ЗАДАНИЕ 48

아래 인사말을 주고받는 사이는 가까운 사이일까요? 공식적인 관계일까요? 10점 기준으로 점수를 매겨보세요. 가까운 사이일수록 높은 점수를 주세요.

Прочитайте приветственные слова. Оцените их по 10-балльной системе по степени близости отношений  между людьми, состоящими в переписке (от более официальных отношений -1, к более близким отношениям - 10).

1. Добрый вечер, дорогая Наташа!

2. Привет, малыш!

3. Здравствуй, девочка моя!

4. Здравствуй, милая моя Наташенька!

5. Привет, Наташа!

6. Здравствуй, солнышко моё!

7. Здравствуй, Наташа!

8. Дорогая Наташенька!

👉 아래 헤어질 때 사용하는 인사말을 아래 두 그룹으로 나누어 보세요.

👉 Прочитайте прощальные слова. Разбейте их на 2 группы.

① ты라고 부르는 모든 사람에게 사용할 수 있는 중립적인 표현

**Нейтральные слова, которые можно написать любому человеку, к которому вы обращаетесь на ты.**

② 아주 가까운 사람에게만 사용할 수 있는 표현

**Слова, которые можно написать только очень близкому человеку**

1. Твой любящий и любимый корейский друг

2. Жду твоего письма!

3. Пиши!

4. Можно я буду писать тебе часто?

5. Пиши, пожалуйста, почаще!

6. Пока, малыш!

7. До связи!

8. Твой навеки



👉 다음은 편지의 마지막 부분입니다. 읽고, 질문에 답하세요.

👉 Прочитайте объяснения, которые можно привести, чтобы закончить письмо. Ответьте на вопросы.

① Сегодня я очень устал. Было много занятий. Поэтому на сегодня всё.

② Извини! Сейчас мне нужно бежать!

③ Короче, я жду - не дождусь, когда мы, наконец, увидимся!

1. Что написал Санг Су:

   а) когда он был занят?

   б) когда он очень хотел спать?

   в) когда уже не надо много писать, потому что скоро можно поговорить?

2. Как вы думаете, что сделал Санг Су после того, как отправил каждое из
этих писем?



☞ 남학생들은 아래 주제 중 하나를 골라서, 상상 속의 러시아 아가씨에게 편지를 써보세
요.

☞ Мальчики! Выберите одну из предложенных тем и напишите письмо
воображаемой русской девочке.

1. Привет из Кореи.

2. Сюрприз!

3. Родственные души

# 2. Мальчик пишет мальчику.

## ДРУГ ТОЛЬКО ЧТО УЕХАЛ. СПРАШИВАЕМ О ДОРОГЕ. ЖАЛЕЕМ О РАССТАВАНИИ

## Слова

| | |
|---|---|
| только что | 지금 막, 방금 |
| расставание | 이별 |
| С глаз долой – из сердца вон | 눈에서 멀어지면 마음에서도 멀어진다 |
| крыло, крылья | 날개 |
| полёт | 비행 |
| как раз | 마침 |
| увы... | 저런 |
| Ну, ладно! | 할 수 없지 뭐! |
| друган | 친구의 애칭 (주로 남자들의 용어) |

Привет, Василий! Как доехал? Я надеюсь, что полёт прошёл нормально? Крылья на месте? Голова тоже в порядке? Ну, тогда я рад!

Честно говоря, я привык, что каждую субботу мы с тобой что-то пишем вместе. Сегодня как раз суббота. Сейчас мы должны были бы как раз этим заниматься. Но увы… Кто же теперь мне поможет?  ☺

Ну, ладно! Что же делать!

Пиши иногда!

Твой корейский друган (правильно я написал?) Санг Су

## ЗАДАНИЕ 52

👉 질문에 답하세요.

👉 Ответьте на вопросы.

1. Санг Су сейчас находится в Сеуле. А Василий?

2. Санг Су и раньше находился в Сеуле. А Василий?

3. Что, когда делали Санг Су и Василий вместе?

## ЗАДАНИЕ 53

👉 아래 상황에 맞는 편지를 써보세요.

👉 Выберите одну из ситуаций. Напишите маленькое письмо другу или подруге (не важно, кто вы: мальчик или девочка).

1. Ваш друг или подруга уехал(а) на родину на самолёте. Раньше вы вместе ходили в фитнес-клуб по воскресеньям.

2. Ваш друг или подруга уехал(а) в родной город на поезде. Раньше вы вместе играли в компьютерные игры по вечерам.

3. Ваш друг или подруга уехал(а) в другую страну на корабле.  Раньше он(а) всегда помогал(а) вам в трудную минуту.

# РАЗГОВАРИВАЕМ НА КОМПЬЮТЕРНЫЕ ТЕМЫ

## Слова

| | |
|---|---|
| ☞ глюки | 컴퓨터의 작동 오류 |
| ☞ приветствовать / поприветствовать | 인사하다 |
| ☞ скачивать / скачать что из Интернета | 다운로드하다 |
| ☞ записывать / записать на диск | 디스크에 담다, 복사하다 |
| ☞ Ничего не получается! | 아무것도 안된다! |
| ☞ комп | 컴퓨터의 약어 |
| ☞ Что делать? | 어떻게 하지? |

**ТЕМА : Глюки**

Вася, приветствую! У меня глюки в компьютере! Нужен твой совет! Я скачал из Интернета русский фильм и записал на диск. Всё делал, как ты объяснил. Пытаюсь посмотреть – ничего не получается! Мой комп даже не видит, что в нём стоит диск. Что делать?

Санг Су

**КОММЕНТАРИЙ**

Важной темой общения молодых людей мужского пола в России является компьютер, Интернет. За последние 10 – 15 лет сложился особенный язык общения на эти темы. Например, из медицинского лексикона пришло слово 《глюк》: главное значение слова - наркотические галлюцинации. Но в настоящее время это слово уже вошло в литературный русский язык для обозначения непонятной реакции компьютера на ваши команды.

러시아 젊은이들, 특히 남자들의 중요한 대화 주제 가운데 하나는 컴퓨터와 인터넷입니다. 최근 10년에서 15년 사이 컴퓨터와 관련된 각종 용어들이 만들어졌습니다. 예를 들어, 《글류크》은 원래 의학용어로서 마약에 의한 환각상태를 가르켰습니다. 그러나 오늘날 이 단어는 컴퓨터의 작동오류를 가리키는 표준어가 되었습니다.

☞ 아래와 같은 상황에서 여러분은 러시아 친구에게 어떻게 도움을 요청할 수 있을까요?
보기와 같이 질문을 만들어 보세요.

☞ Вы хотите что-то найти  в русском Интернете, купить,  скачать и т.д., но не знаете,  где и как это можно сделать. Напишите вопросы, которые вы могли бы задать вашему компетентному русскому другу в письме.

## Слова

- ☞ скачать / скачивать что из Интернета　다운로드하다
- ☞ загружать / загрузить программу　프로그램을 올리다
- ☞ устанавливать / установить программу　프로그램을 컴퓨터에 설치하다
  на компьютер
- ☞ записывать / записать что на диск　디스크에 옮기다, 복사하다

**Образец:**

Знаешь! Я бы хотел(а) послушать современную русскую поп-музыку. Ты не объяснишь, где и как это можно сделать в Интернете ?

1. Раньше ваш друг писал вам о российской поп-группе 《Корни》 и прислал одну песню. Вам понравилась эта группа.

2. Раньше ваш друг писал о том, что он любит играть в компьютерные игры. И вы тоже хотите играть в русские компьютерные игры.

3. Раньше ваш друг писал о том, что он слушает русское радио по компьютеру. И вы тоже хотите слушать русское радио.

4. Раньше ваш русский друг писал, что по компьютеру можно бесплатно смотреть русское телевидение. И вы хотите смотреть русское телевидение.

# ПРОДОЛЖАЕМ ГОВОРИТЬ НА КОМПЬЮТЕРНЫЕ ТЕМЫ

## Слова

- пробовать / попробовать + inf.    시도하다
- разбираться / разобраться  в чём    이해하다, 잘 파악하다.

**ТЕМА : Ура!**

Привет, Ломоносов! Ну, ты и умный! Всё получилось! Теперь смотрю любые фильмы. Сейчас осваиваю твой http: // www.sharereactor.ru / Трудновато по-русски! Но попробую разобраться! Если тебе интересно, я тебе пошлю адреса корейских сайтов, где можно скачать фильмы и много чего. До связи!
С.С.

**ЗАДАНИЕ 55**

☞ 연습문제 54을 참고하여, 러시아 친구에게 보기와 같은 글을 써보세요.

☞ Ваш друг дал вам информацию,  которую вы просили в задании 54. Напишите ему, что вы сделали, и что у вас получается - получилось или не получается - не получилось.

## Слова

- пытаться / попытаться + inf.(СВ)    시도하다
- пробовать / попробовать + inf.    시도하다
- искать / найти сайт    싸이트를 찾다
- мне удалось + inf.    ~하기를 성공하다

Я сделал(а) всё, как ты сказал (объяснил). Мне удалось найти сайт и открыть ссылку. Теперь я слушаю современную русскую поп-музыку online.

1. Группа《Корни》.

2. Компьютерные игры.

3. Русское радио.

4. Русское телевидение.

## ПИСЬМО 18

# ПОДДЕРЖИВАЕМ В ТРУДНУЮ МИНУТУ

### Слова

| | |
|---|---|
| поддерживать / поддержать в трудную минуту | 어려운 시기에 도와주다 |
| Человек предполагает, а Бог располагает | (미래의 일을) 사람은 상상만 할 뿐, 그것을 움직이는 것은 신이다 |
| авария | 사고 |
| cf. попадать / попасть в аварию | 사고를 당하다 |
| Слава Богу! | 다행히! |
| жизнь вне опасности | 생명은 위험하지 않다 |
| накрыться рваной галошей | 엉망진창이 되다 |
| Мне не до шуток | 나는 농담할 처지가 아니다 |
| предки | 조상. 부모님 (슬랭) |
| расстраиваться / расстроиться | 실망하다 |
| Нам не судьба + inf. | 우리는 ~할 운명이 아니다 |

Здравствуй, Вася! Спасибо, что поддержал меня в трудную минуту! Как там ты говорил? 《Человек предполагает, а Бог располагает?》 Да!... Вот уж! Что правда, то правда! Кто же мог знать месяц назад, что мой отец попадёт в аварию?

Слава Богу, сейчас ему лучше. Врачи  говорят, что его жизнь вне опасности. Но нужно время.

Увы! Моя поездка в Россию накрылась рваной галошей. Видишь? Я уже могу шутить! Мне очень нравится это выражение. Но на самом деле мне не до шуток… И не только из-за предков. Я так надеялся встретиться с Наташей! Она пишет мне почти каждый день. Спрашивает, как папа. Я вижу, что она тоже очень расстроилась… Но, видно, не судьба нам увидеться! Я верю в судьбу!

Ты знаешь? Любимое русское стихотворение в Корее – это стихотворение Пушкина 《Если жизнь тебя обманет…》

Если жизнь тебя обманет,

Не печалься, не сердись!

В день уныния смирись:

День веселья, верь, настанет.

Сердце в будущем живет;

Настоящее уныло:

Все мгновенно, все пройдет;

Что пройдет, то будет мило.

Вот такой я философ! Пока!

Санг Су

## ЗАДАНИЕ 56

☛ 상수는 왜 편지의 제목을 《Папа, Россия, Наташа и рваная галоша》라고 정했을까요?

☛ Объясните, почему Санг Су так назвал письмо.

1. Папа. Это потому, что …

2. Россия. Это потому, что …

3. Наташа. Это потому, что …

4. Рваная галоша. Это потому, что …

 여러분의 친구에게 슬픈 일이 일어났습니다. 아래 단어를 사용하여 보기처럼 그를 위로해 주세요.

В жизни вашего друга по переписке случилось печальное событие. В вашем письме поддержите его в трудную минуту.

## Слова

- Всё пройдёт!     다 지나갈 거야!
- Не печались!     슬퍼하지 마!
- Не расстраивайся!     실망하지 마!
- Не грусти!     우울해 하지 마!

**Образец:**

Не печались! Ты встретишь другую девушку!

1. Ваш друг потерял большую сумму денег.

2. Ваш друг не сдал трудный экзамен.

3. Вашего друга незаслуженно обидел другой человек.

4. Ваш друг потерял работу.

## ГОВОРИМ О ПОГОДЕ И ЗДОРОВЬЕ

## Слова

| | |
|---|---|
| ☛ Здоро́во! | 안녕! |
| ☛ засада | 극복하기 어려운 힘든 일 |
| ☛ пропадать / пропасть | 없어지다, 사라지다 |
| ☛ особый разговор | 특별한 대화 |
| ☛ Бывай! | 안녕! |

**ТЕМА : ау!**

Здоро́во, Василий! Как жизнь? Как погода в Москве? У нас-то осень прекрасная, ты сам знаешь! А вот у вас! Снег с дождём, и ещё ветер! Вот засада!

Ты спрашиваешь, как папа. Сейчас уже почти нормально! Он уже выходит на улицу. Месяца через два хочет вернуться на работу.

Наташа совсем пропала. Не пишет! Я тоже не пишу. Есть причина! Но об этом потом. О-со-бый разговор!

Бывай!

Санг Су

**ЗАДАНИЕ 58**

☛ 질문에 답하세요.

☛ Ответьте на вопросы.

1. Как чувствует себя отец Санг Су?

2. Почему Санг Су написал, что осень в Корее прекрасная?

3. Какая осень в России?

4. Как вы думаете, почему Наташа и Санг Су перестали писать друг другу письма?



## СООБЩАЕМ НОВОСТЬ, КОТОРАЯ МОГЛА БЫ СТАТЬ ПРИЧИНОЙ ССОРЫ, НО НЕ СТАЛА. СЕРДИМСЯ И ПРОЩАЕМ

### Слова

| | |
|---|---|
| созревать / созреть | 익다 |
| Я созрел = я готов рассказать... | 말할 준비가 되다 |
| у её ног | 그녀의 발 아래에 있다 |
| расстраиваться / расстроиться | 실망하다 |
| честно говоря | 솔직히 말해 |
| разрешать / разрешить | 허락하다 |
| тем более | 게다가 |
| киска | 고양이, 여자친구에 대한 애칭 |
| интриговать / заинтриговать | 흥미를 돋구다 |

**ТЕМА :** о, женщины! не говоря о предках!..

Здравствуй, друг Василий! Я созрел. Хочу рассказать тебе, что творится в моей жизни.

Во-первых, я уже говорил тебе, что Наташа мне не пишет. Неделю назад я, наконец, получил от нее сообщение. Так вот. Ты помнишь, что она учится на художественном факультете? Оказывается, в сентябре она участвовала в международном конкурсе. И выиграла бесплатное обучение во Франции. Сейчас она уже там. И все французы, конечно, у её ног... Особенно один. Его зовут Доминик.

Но, честно говоря, я не очень расстроился! Всё равно мои родители никогда не разрешили бы мне жениться на русской... Тем более, что я, кажется, нашёл, маленькую милую киску! Я тебя заинтриговал? Ммм? Интересно? А?

Извини! Надо бежать! Закончу в следующий раз!

С.С.

# ЗАДАНИЕ 59

질문에 답하세요.

Ответьте на вопросы.

## Слова

| | |
|---|---|
| ссориться / поссориться | 다투다 |
| оставаться / остаться друзьями | 친구로 남다 |
| злые слова | 날카로운 말 |
| грубые слова | 무례한 말 |
| слова, выражающие сожаление | 동정을 담은 말 |
| жениться (НСВ = СВ) | 남자가 결혼하다 |
| выходить / выйти замуж | 여자가 결혼하다 |
| жениться / пожениться | 남녀가 결혼하다 |

1. Почему Наташа долго не писала Санг Су?

2. Почему Санг Су долго не писал Наташе?

3. Как вы думаете, Наташа и Санг Су поссорились или остались друзьями? Найдите в тексте письма, где об этом говорится (злые или грубые слова, слова, выражающие сожаление или его отсутствие ).

4. Почему Санг Су не очень сожалеет?

5. Как вы думаете, ваши родители разрешили бы вам жениться на русской девушке или выйти замуж за русского парня? Почему?

6. А вы хотели бы жениться на русской девушке или выйти замуж за русского парня? Почему?



☛ 아래 글 가운데 나탸사가 상수에게 쓴 편지 글을 찾아보세요.

☛ Прочитайте фразы из разных писем. Как вы думаете, какие из них - фразы из письма Наташи, которое она написала Санг Су?

## Слова

- решаться / решиться + inf.　　결심하다
- редко　　드물게
  cf. реже　　cf. 더 드물게
- Мне всё равно　　나에겐 마찬가지야

1. Ты знаешь, я не решалась написать тебе раньше, но у меня есть одна новость.

2. У меня есть радостная новость. Я выхожу замуж.

3. Понимаешь? Мы с тобой так и не встретились. Ты стал писать реже, я тоже.

4. В общем, я встретила другого парня и полюбила его.

5. Я тебе не писала долго, потому что я тебя совсем не люблю.

6. Может быть, для тебя эта новость не очень приятна.

7. Ты, конечно, можешь сердиться, но мне всё равно, что ты думаешь.

👉 아래 표현을 아래 두개의 그룹으로 나누어 보세요.

👉 Прочитайте слова. Прочитайте фразы из разных писем. Разделите их на две группы и впишите в таблицу.

 **Слова**

| | |
|---|---|
| 👉 поступать / поступить как | 처신하다, 행동하다 |
| 👉 ничего не поделаешь! | 할 수 없지 뭐! |
| 👉 предполагать / предположить | 가정하다 |
| 👉 располагать чем | ~을 가지다 |
| 👉 пережить неприятность | 속상한 일을 당하다, 겪다 |
| 👉 Ни к чему! | 아무짝에도 쓸모없다 |
| 👉 Что я могу поделать! | 내가 어떻게 할 수 있겠니? |
| 👉 ссора | 다툼 |
| 👉 повод для чего | ~을 위한 명목 |
| 👉 оставаться / остаться друзьями | 친구로 남다 |
| 👉 полагаться / положиться на кого | ~에게 의지하다, 신뢰하다 |
| 👉 ненадёжный человек | 전혀 믿지 못할 사람 |
| 👉 как же так? | 어떻게 그럴 수 있지? |
| 👉 предупреждать / предупредить | 경고하다 |
| 👉 расстраиваться / расстроиться | 실망하다 |
| 👉 Я не в обиде! | 난 화나지 않았어! |

① 친구들은 다툼을 했다

**Друзья по переписке поссорились**

② 친구들은 다퉜지만, 친구로 남기로 했다.

**друзья по переписке остались друзьями**

1. Как ты мог(ла) так поступить?! Я никогда не прощу тебе этого!

2. Ты знаешь, это так низко с твоей стороны!

3. Ничего не поделаешь! Это жизнь!

4. Вот уж, что правда, то правда! Человек предполагает, а Бог располагает!..

5. Так... Значит,  наша дружба накрылась рваной галошей...

6.  Ну, да ничего! Эту неприятность я переживу!

7.  Ну что ты! Я не в обиде!

8. Да ладно! Пусть это будет моим самым большим несчастьем! Проехали!

9. Ну, ты даёшь! Совсем, что ли? Пока!

10. Можешь мне больше не писать!

11. Ладно! На первый раз прощаю!

12. Эх! А я так тебе верил(а)!

13. Знаешь что? Мне твои объяснения ни к чему!

14. Ну что я могу поделать! Всё когда-нибудь проходит. Желаю счастья!

15. Я, конечно, пережил(а) несколько неприятных моментов, но все-таки это не повод для ссоры. Так ведь?

16. Останемся друзьями?

17. На тебя совершенно нельзя полагаться! Ты совершенно ненадёжный человек!

18. Как же так? Почему ты меня не предупредил(а)?

19. Так не делают!

20. Честно говоря, я не очень расстроился.

21. Ну ты хорош(а)! Друг (подруга) называется! Ну, ладно! Я не в обиде!

## ЗАДАНИЕ 62

☛ 다음 친구의 편지를 읽고, 그에게 화를 내거나 용서하는 내용의 답장을 쓰세요. 연습문제 61의 표현을 사용하세요.

☛ Прочитайте строки из писем. В связи с их содержанием напишите несколько слов вашему другу или подруге по переписке. Если вы рассердитесь, получив такое письмо, то поссорьтесь. Если вы считаете, что ничего страшного не произошло, то простите вашего друга и останьтесь друзьями. Используйте одну или несколько реплик из Задания 61.

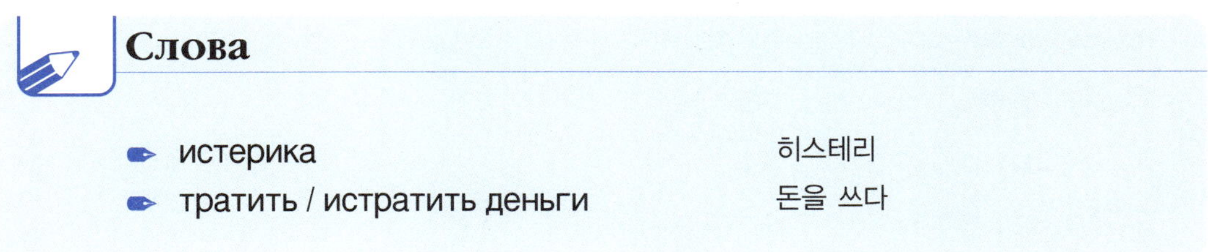



| | |
|---|---|
| ☞ истерика | 히스테리 |
| ☞ тратить / истратить деньги | 돈을 쓰다 |

1. - Ты знаешь, я долго не решалась написать тебе. Но дело обстоит так. Я выхожу замуж. Свадьба завтра. Прости, если можешь!

2. - Извини! Я встретил другую девушку и полюбил её. Свадьба завтра. Только без истерики, пожалуйста!

3. - Извини, я не передал твои документы начальнику. Честно говоря, я совсем забыл.

4. - Помнишь, я обещал тебе встретить твоего друга, который прилетает из Кореи? Забыл тебе сказать. Я в тот день не смог приехать в аэропорт. Надеюсь, что твой друг не потерялся.

5. - Ты знаешь? Я не приеду. Но те деньги, что ты мне прислал, я уже истратила. Прости, пожалуйста! Я могу тебе всё объяснить!

# РАССКАЗЫВАЕМ О НОВОЙ ПОДРУГЕ ИЛИ НОВОМ ДРУГЕ, В КОТОРОГО МЫ ВЛЮБЛЕНЫ

## Слова

| | |
|---|---|
| продолжать / продолжить | 계속하다 |
| интриговать / заинтриговать кого | 흥미를 돋구다, 호기심을 불러일으키다 |
| ровесники | 동갑내기 |
| ухаживать за кем | ~를 보살피다 |
| академка = академический отпуск | 휴학 |
| дурачиться | 까불다, 장난치다 |
| святой | 성자 |
| личная жизнь | 사생활 |

**ТЕМА :** киска

Я продолжаю!  Киску зовут Анна. Нет-нет! Она кореянка. Ан На. Есть такое корейское имя. Когда отец лежал в больнице после аварии, она ухаживала за ним. Она работает в больнице медсестрой. Мы с ней ровесники. Вообще-то она учится на медицинском факультете, но сейчас она в академке. Решила немного поработать и посмотреть,  что такое больница. В приложении я посылаю тебе наш «портрет». Это мы вместе дурачимся. Помнишь бар «Чёрный пёс»? Это там! Она такая милая! Просто чудо какое-то! Как думаешь?

А как у тебя дела на личном фронте? Ты что, святой? Никогда не пишешь о личной жизни! Всё только компьютеры да компьютеры!

Привет от Анны!

Санг Су

👉 질문에 답하세요.

👉 Ответьте на вопросы.

1. Почему Санг Су начал письмо не с обращения, а со слов «я продолжаю»?

2. Почему он не закончил предыдущее письмо?

3. Как вы думаете, почему Санг Су называет Анну «киска»?

4.  Где и как они познакомились?

5. Она студентка или медсестра?

6. Почему она не учится, а работает?

7. Что за человек – Анна?

**ЗАДАНИЕ 64**

👉 아래 사람에 대한 평가의 글을 읽고, 다음 두 개의 그룹으로 나누어 보세요. 한 표현이 두 그룹에 모두 속할 수도 있습니다.

👉 Прочитайте оценочные слова. Разделите их на две группы .

① 남자가 여자를 평가하는 단어

**Слова, которыми мальчик оценивает девочку**

② 여자가 남자를 평가하는 단어

**Слова, которыми девочка оценивает мальчика.**

1. Она такая милая! Просто прелесть.

2. Она очаровательна!

3. Он такой милый!

4. Он просто душечка.

5. Я встретил необыкновенную девушку.

6. Я тут с таким парнем познакомилась!

7.  Я тут с таким парнем познакомилась! Полный отпад!

8. С потрясающей улыбкой!

9. Фигура – потрясающая!

10. С изюминкой!

11. Она классная!

12. Он классный!

13. С ней есть о чём поговорить.

14. Уууумный!

15. Просто чудо какое-то!

16. Милая, остроумная!

17. Он добрый и нежадный.

18. Как будто мы всю жизнь друг друга знали!

19. С ним не скучно!

**ЗАДАНИЕ 65**

러시아 친구에게 여러분의 새 친구에 대한 편지를 써보세요. 편지에는 다음의 내용을 포함시키세요.

Напишите вашему русскому другу о вашей новой корейской подруге (о вашем новом корейском друге). В письме:

1. Поздоровайтесь и скажите обычные приветственные фразы.

2. Заинтригуйте вашего друга. Напишите оценочные слова.

3. Расскажите, где и как вы познакомились.

4. Напишите, чем он(а) занимается.

5. Опишите её внешность и характер.

6. Спросите друга, как у него дела на личном фронте.

# В ОЖИДАНИИ ПРИЕЗДА

## Слова

| | |
|---|---|
| ожидание | 기다림 |
| приезд | 도착 |
| тот же, та же, то же, те же | 똑 같은 |
| та же компания | 똑 같은 회사 |
| то же самое время | 똑 같은 시간에 |
| контракт на год | 1년 계약 |
| ну ты даёшь! | 너 정말 너무했다! |
| пахнуть чем | 냄새가 나다. |
| ~ шашлыком | 샤쉴릭 냄새가 나다 |
| слюнки текут! | 침이 돈다! |

**ТЕМА : ура!**

Ты даже не представляешь, как я рад! Мы с Анной обязательно встретим вас в аэропорту! Напиши, когда вы прилетаете. Я правильно понял, что ты будешь работать в той же компании, что и раньше? У тебя контракт на год?

А Света симпатичная! Ну, ты даёшь! Женился – и ничего не сказал! Хорош! Друг называется! Ну, ладно! Я не в обиде! Главное, что мы скоро увидимся, и снова будем много говорить по-русски!

Да! Кстати! Вот еще одна новость! Наташа с Домиником тоже прилетают в Сеул! И приблизительно в то же самое время! Представляешь? Мы соберёмся все вместе! Кажется, у меня на крыше уже пахнет шашлыками! Мммм! Слюнки текут!!!!

Жду!!!! Санг Су

👉 질문에 답하세요.

👉 Ответьте на вопросы.

1. Почему Санг Су назвал письмо《ура!》?

2. Как дела у Васи на личном фронте?

3. Кто такая Света?

4. Санг Су сердится? Найдите в письме, где об этом говорится.

5. Почему Санг Су сердится?

6. Кто такой Доминик?

7. Что собираются делать Санг Су, Анна, Наташа, Доминик, Вася и Света, когда соберутся вместе?




👉 아래 문장을 한국어로 번역하세요. 책을 덮고 한국어 문장을 다시 러시아어로 번역해 보세요.

👉 Переведите на корейский язык. Перевод запишите. Закройте книги и переведите обратно на русский.

1. Ты даже не представляешь, как я рад!

2. Представляешь? Мы скоро соберёмся все вместе!

3. Мы обязательно встретим вас в аэропорту

4. Напишите, когда вы прилетаете.

5. Да! Кстати! Вот еще одна новость!

6. Ну, ладно! Я не в обиде!

7. Скоро увидимся!

8. Слюнки текут!

☛ 곧 한국에 올 러시아 친구에게 짧은 편지를 써보세요. 편지에는 다음 내용을 포함시키세요.

☛ Ваш русский друг прилетает в Корею. Напишите ему маленькое письмо. В письме:

1. выразите радость по поводу приезда;

2. уточните рейс;

3. пообещайте встретить;

4. выразите радость по поводу встречи;

5. напишите, что вы собираетесь делать, когда соберётесь вместе: где вместе пообедаете, куда пойдёте и т.д.

# 3. Девочка пишет мальчику.<br>Девочка пишет девочке.

**ПИСЬМО 23**

ДРУГ ТОЛЬКО ЧТО УЕХАЛ. СПРАШИВАЕМ О ДОРОГЕ. ВСПОМИНАЕМ ВРЕМЯ, ПРОВЕДЕННОЕ ВМЕСТЕ.

## Слова

| | |
|---|---|
| ➡ вспоминать / вспомнить что | 회상하다 |
| ➡ проводить / провести время | 시간을 보내다 |
| ➡ куча | 아주 많은 양, 더미 |
| cf. куча снега | cf. 눈 더미 |
| ➡ выбирать / выбрать | 선택하다, 고르다 |
| ➡ присылать / прислать | 보내다 |
| ➡ Пришли! | 보내줘! |

Здравствуй, Стёпа! Как жизнь? Спасибо тебе большое за то, что написал мне. Я дала свой email всем ребятам, но только ты написал мне. Мне было очень приятно!

Как вы долетели? Как дома? Всё в порядке?

Я с удовольствием вспоминаю время, которое мы провели вместе с вами в Корее. У меня есть куча красивых фотографий. Я выбрала те, где есть ты. Смотри приложение! Я помню, что ты тоже много фотографировал. Пришли мне, пожалуйста, фотки, где есть я!

Пиши!

Кёнг А

## ЗАДАНИЕ 69

👉 질문에 답하세요.

👉 Ответьте на вопросы.

1. Как вы думаете, почему тема письма 《Re: Привет!》 (что такое Re? )

2. Как вы думаете, где и как познакомились Кёнг А и Стёпа?

3. Откуда и куда только что приехал Стёпа?

4. Что, когда делали Кёнг А и Стёпа вместе?

## ЗАДАНИЕ 70

👉 아래 문장을 한국어로 번역하세요. 책을 덮고 다시 러시아어로 번역해 보세요.

👉 Переведите на корейский язык. Перевод запишите. Закройте книги и переведите обратно на русский язык.

1. Смотри приложение!

2. В приложении я посылаю тебе фотографии, где есть ты.

3. Пришли мне, пожалуйста, фотографии, где есть я!

4. Мы прекрасно провели время вместе, правда же?

## СОЖАЛЕЕМ ОБ ОТЪЕЗДЕ. ИНТЕРЕСУЕМСЯ ЗДОРОВЬЕМ

### Слова

| | |
|---|---|
| ☛ очень жаль! | 안타깝다! |
| ☛ передавать / передать привет | 안부 인사를 전하다 |
| ☛ созваниваться / созвониться | 전화 통화하다 |
| ☛ скучать / заскучать без кого | ~를 그리워하다 |
| ☛ Ему некогда + inf. | 그는 ~할 시간이 전혀 없다. |
| ☛ как только | ~하자 마자 |

**ТЕМА : мы с тобой!**

Света, здравствуй, моя дорогая! Очень жаль, что ты уехала из Кореи! Но мама есть мама! Конечно, ты должна быть рядом с ней сейчас. Как она себя чувствует? Ей лучше? Она ещё в больнице? Передавай ей привет.

Мы с Васей иногда созваниваемся. Он, конечно, скучает без тебя. Но он не один в Сеуле. У него есть мы – я, Санг Су, Анна. Кроме того, у него всегда много работы, даже в субботу. Он и в воскресенье иногда ходит на работу. Так что ему некогда скучать!

Мы все надеемся, что ты скоро опять приедешь к нам в Сеул. Все передают тебе большой привет: Санг Су, Анна и другие. Как только ты приедешь, мы все вместе опять пойдём в баню. ОК?

Твоя корейская подруга Кёнг А

👉 질문에 답하세요.

👉 Ответьте на вопросы.

1. Как вы думаете, Света и Кёнг А – близкие подруги? Почему вы так думаете?

2. Кто такие Света и Вася?

3. Санг Су и Анна – это брат и сестра?

4. Где сейчас находится Вася и что он там делает?

5. Где раньше находилась Света и где она находится сейчас? Почему она уехала?

6. Почему тема письма «Мы с тобой»?

7. Как вы думаете, что делали в Сеуле Кёнг А, Света, Санг Су и Анна, когда они собирались все вместе?

ЗАДАНИЕ 72

👉 여러분의 친구가 가족이 병이 들어, 고향으로 떠났습니다. 아래 순서로 그에게 편지 써 보세요.

👉 У вашего друга или подруги неожиданно заболел кто-то из родных. Он(а) только что уехал(а) из Кореи на родину. Напишите письмо. В письме:

1. Спросите, как прошло её путешествие.

2. Поддержите его (её) в трудную минуту.

3. Передайте ей привет от общих друзей.

4. Вспомните, как вам было хорошо вместе.

5. Выразите надежду на его (её) возвращение.

# РАССУЖДАЕМ О КОМПЛИМЕНТАХ И ДРУГИХ НОРМАХ ПОВЕДЕНИЯ (ЗДЕСЬ ЕСТЬ КОЕ-ЧТО И ДЛЯ МАЛЬЧИКОВ)

## Слова

| | |
|---|---|
| ☛ говорить / сказать комплименты | 듣기 좋은 말, 칭찬을 하다 |
| ☛ Не принято | (관습적으로) ~하지 않는다 |
| ☛ считается | ~라고 여겨진다 |
| ☛ стыдно | 부끄럽다 |
| ☛ всё равно! | 그래도 마찬가지이다! |
| ☛ стараться / постараться | 노력하다 |
| ☛ ICQ, Skype = аська, скайп | 러시아에서 가장 인기 있는 메신저 |
| cf. разговаривать по аське, по скайпу | |

**ТЕМА : Трудно**

Стёпа, привет! Спасибо тебе большое за комплимент! К нашему большому сожалению, у нас в Корее не принято говорить девочкам комплименты. Считается, что это стыдно. Но на самом деле, это очень приятно. В этот момент чувствуешь себя женщиной!

Ты тоже очень симпатичный! Мне приятно иметь в России такого друга, как ты. Кроме того, твои письма очень помогают мне в изучении русского языка. Я учу русский язык уже почти 3 года, но всё равно мне трудно говорить по-русски. И совсем трудно писать письма. Я совсем не знаю, что можно написать тебе. Так что извини, что мои письма такие короткие. Но я постараюсь! Давай разговаривать в ICQ или в скайпе, если у тебя есть время?

Твоя корейская подруга Кёнг А

В каждой стране есть свои нормы поведения. Для того, чтобы объяснить эти нормы, используются безличные конструкции:

В Корее (у нас):

- принято + inf.

- не принято + inf.

- считается, что ...

- считается нормальным, если ...

- считается неприличным, если ....

각 나라마다 제각기 관습과 규칙이 있습니다. 이것을 설명하기 위해 보통 다음과 같은 무인칭구문을 사용합니다:

**ЗАДАНИЕ 73**

☞ 다음 몇몇 러시아의 행동양식에 관한 글을 읽어보고, 한국에도 그러한 규범이 있는지 말해 보세요.

☞ Прочитайте о некоторых нормах поведения в России. Скажите, существуют ли эти нормы в Корее.

1. В России принято говорить комплименты женщинам.

2. В России не принято говорить комплименты мужчинам.

3. В России считается нормальным, если люди курят прямо на улице, например, на остановке автобуса.

4. В последние годы в России стало считаться нормальным пить пиво прямо в вагоне метро.

5. В последние годы в России стало считаться нормальным целоваться на улице или в метро.

6. В России считается неприличным, если в транспорте молодые люди сидят, а пожилые стоят.

7. В России принято уступать место беременным женщинам.

☛ 우리는 스쪼빠의 편지를 읽지는 못했지만, 그 내용을 짐작할 수 있습니다. 아래 글 중 그의 편지의 일부라고 여겨지는 것들을 골라보세요.

☛ Мы не читали письмо Стёпы, на которое отвечает Кёнг А. Но мы можем догадаться, о чём он писал.  Прочитайте строки из разных писем и найдите те, которые мог написать Стёпа.

### Слова

- ☛ худеть / похудеть                     살이 빠지다
- ☛ Это ни к чему                         이것은 아무짝에도 쓸모없다

1. Знаешь? Ты очень симпатичная, но тебе обязательно надо похудеть.

2. Знаешь? Ты самая умная из всех девчонок, каких я встречал в жизни. Но понимаешь? Мне не очень нравится, когда девушка  слишком умная.

3. Знаешь? Ты самая умная из всех девчонок, каких я встречал в жизни. Для женщины это ни к чему.

4. Знаешь? Ты такая милая и симпатичная! Да ещё и умная.

5. Тебе кто-нибудь говорил, что ты необыкновенная девушка?

6. Тебе, наверное, много раз говорили, что ты необыкновенная.

7. Здравствуй, девушка с глазами цвета ночи.

## ЗАДАНИЕ 75

👉 여학생들은 위의 연습문제 74에서 칭찬하는 말을 찾아서, 그에 대한 답장을 써보세요.

👉 Девушки! Выберите какой-нибудь из комплиментов, которые вы нашли в задании 74, и ответьте на него.

## Слова

👉 Я была тронута чем            ~에 대해 감동 받았다

**Образец:**

Здравствуй, девушка с глазами цвета ночи.

**– Я была тронута твоими словами о моих глазах. Знаешь, у нас в Корее у всех девушек чёрные глаза. И считается, что это обычно.**

## ЗАДАНИЕ 76

👉 남학생들은 좋아하는 여자친구에게 아래 내용의 편지를 써보세요.

👉 Мальчики! Напишите маленькое письмо вашей любимой девушке. В нём:

1. Напишите приятные приветственные слова.

2. Скажите ей несколько комплиментов.

3. Выразите надежду на скорую встречу.

## ПРОСИМ О ПОМОЩИ. ПОПУТНО: А) СДАЁМ TORFL; Б) ДЕЛАЕМ РЕКЛАМУ ЧЕЛОВЕКУ И РАССКАЗЫВАЕМ О НЕМ; В) ВЫРАЖАЕМ НАДЕЖДУ И ЧУВСТВО БЛАГОДАРНОСТИ

### Слова

| | |
|---|---|
| ☞ сдавать / сдать тест по русскому языку | 러시아어 테스트를 치루다 |
| ☞ срочно | 곧, 급하게 |
| ☞ готовиться / подготовиться к экзамену | 시험준비를 하다 |
| ☞ сертификат | 인증서 |
| ☞ уровень | 등급, 수준 |
| ☞ исправлять / исправить что | 교정하다 |
| ☞ Дальневосточный Университет | 극동대학교 |
| ☞ увлекаться / увлечься чем | ~끌리다, ~를 취미로 하다 |
| ☞ проблема с чем | ~에 대한 문제 |
| ☞ родственник, родственница | 친척 |

**ТЕМА :** Тест

Привет!

Стёпа! Если ты мне друг, ты должен мне помочь. Это срочно. Сейчас я готовлюсь к сдаче теста по русскому языку. Наверное, ты знаешь, что такое TOEFL? Если нет, то на всякий случай я объясню. Это система тестов по английскому языку. Если кто-то хочет найти хорошую работу, то он должен иметь сертификат, что он знает английский язык. Чтобы получить сертификат, надо сдать тесты.

Такие же тесты есть и по русскому языку. Их всего 6 уровней. Так вот. Сейчас я хочу быстро сдать базовый уровень. Говорят, что это не трудно.

Одно из заданий – это надо написать письмо о моём новом знакомом. Я хочу написать о тебе. Прочитай, пожалуйста, и исправь ошибки! Вот моё письмо.

Здравствуй, Светик! Помнишь, я раньше писала тебе, что к нам в Корею приезжала группа студентов из Дальневосточного Университета на учёбу? Недавно один парень прислал мне письмо по email-у. Его зовут Степан, фамилия Кошкин. И вот представляешь? Сейчас мы с ним переписываемся довольно часто.

Он очень милый и симпатичный. Он изучает корейский язык в Дальневосточном университете в городе Владивостоке. Обычно он пишет мне по-корейски, а я ему пишу по-русски. Это прекрасная практика! В общем, он уже неплохо знает корейский язык. Он учится тоже на 3 курсе, как и я. Но его корейский язык какой-то неживой. Я всё понимаю, что он пишет. Но обычно мы так не говорим.

Когда у нас есть свободное время, мы разговариваем в 《аське》 (ICQ). Стёпа очень увлекается компьютерами  и знает много интересного о компьютерах. Я всегда спрашиваю его, если у меня есть проблемы с компьютером. Он всегда знает, как помочь. Кстати, он младше меня на 2 года, но мне с ним интересно.

У меня к тебе просьба. В следующем месяце Стёпа собирается поехать в Москву. Там у вас будет какая-то необычная компьютерная выставка.  У него есть в Москве родственница. Он будет жить у неё. Но она уже совсем старая бабушка, она совсем не выходит из дома. Если у тебя будет время, встреть его, пожалуйста,  в следующую субботу! Он прилетает в аэропорт Домодедово около 5 часов вечера. Потом он сядет на электричку до Павелецкого вокзала. Я дам ему номер твоей мобилы. Созвонитесь с ним, пожалуйста! Вот его номер: 8-905-355-16-15.

Поможешь? Напиши, если не сможешь! Я придумаю что-нибудь ещё!
Заранее огромное спасибо.

Твоя Кёнг А

Ну, вот! По-моему, я написала просто гениальное письмо. Как ты думаешь? Постарайся ответить мне сегодня! Мне правда очень-очень нужно!

Спасибо, милый Стёпа.

Кёнг А

☛ Ответьте на вопросы.

1. Почему Кёнг А просит Стёпу и Свету помочь ей?

2. Что такое TOEFL?

3. Что такое TORFL?

4. Почему студенты обычно хотят сдать TOEFL и TORFL?

**ПИСЬМО 27**

## ПРОСИМ О ПОМОЩИ.  ПОПУТНО: А) СДАЁМ TORFL; Б) ДЕЛАЕМ РЕКЛАМУ ЧЕЛОВЕКУ И РАССКАЗЫВАЕМ О НЕМ; В) ВЫРАЖАЕМ НАДЕЖДУ И ЧУВСТВО БЛАГОДАРНОСТИ

## Слова

| | |
|---|---|
| ☛ У меня к тебе дело | 너에게 용건(부탁)이 있어 |
| ☛ сразу же | 곧, 바로 |
| ☛ дружить / подружиться | 친하게 지내다, 사귀다 |
| ☛ чувство юмора | 유머감각 |
| ☛ педагогический университет | 교육대학 |
| ☛ бросить всё | 모든 것을 포기하다 |
| ☛ класть / положить кого в больницу | ~를 입원시키다 |
| ☛ прямой рейс | 직항 |
| ☛ рейс через | ~을 경유하는 노선 |
| ☛ устраиваться / устроиться в гостиницу | 호텔에 짐을 풀다 |
| ☛ беспокоиться / забеспокоиться | 걱정하다 |
| ☛ нервничать / занервничать | 초조해 하다, 걱정하다 |

Светулечка, здравствуй! Знаешь? Мне очень-очень нужна твоя помощь. Это ужасно важно для меня! Так что постарайся мне помочь, если тебе не трудно и если у тебя найдётся немного времени.

Дело в том, что на следующей неделе я сдаю один очень важный для меня экзамен. Может быть, ты знаешь – TORFL?  Это тесты по русскому языку как иностранному. Если я сдам тесты, то я получу сертификат.  Если у меня будет такой сертификат, то мне легче будет найти работу. На самом деле, есть 6 уровней таких тестов. Я пока хочу сдать только базовый уровень, самый нетрудный. Но для меня это всё равно трудно. Одно из заданий – это надо написать письмо о моём новом знакомом или знакомой. Я хочу написать о тебе. Прочитай, пожалуйста, и исправь ошибки! Вот моё письмо.


Здравствуй, дорогой Стёпа!

Извини, пожалуйста!  У меня к тебе дело. Помнишь, я рассказывала тебе о моих друзьях Васе и Светлане? Вася инженер-компьютерщик, работает здесь в Сеуле в одной большой компании. А Света – его жена. Они поженились совсем недавно, и сразу же приехали в Корею. Я встретила их у Анны, моей старой школьной подруги. Мы подружились. Света очень приятная и милая. У неё прекрасное чувство юмора. Она много читает и много знает. В общем, с ней интересно. И хотя я младше её на 5 лет, я чувствую себя с ней очень просто, как ровесница.

Каждое воскресенье мы со Светой и Анной ходим в баню вместе, а иногда вместе с мальчиками ездим на море. Света сейчас не работает, у неё есть время, поэтому она часто помогает мне по русскому языку. А я чуть-чуть учу её говорить по-корейски. Представляешь? В Москве Света закончила педагогический университет, и даже работала 1 год в школе. Но потом встретила Васю, бросила всё – и приехала в Сеул.

Но вдруг вчера Свете позвонили из Москвы и сказали, что её мама серьёзно заболела, и что её положили в больницу. Свете надо срочно ехать в Москву, а билетов на прямой рейс до Москвы нету. Она купила билеты на рейс через Владивосток. Она прилетает во Владивосток послезавтра днём, а улетает в Москву на следующий день утром.

Не мог бы ты встретить её в аэропорту и помочь устроиться в гостиницу?  Её рейс BC-737. Может быть, вечером у вас будет свободное время, и вы вместе посмотрите Владивосток? В общем, помоги ей, пожалуйста! Она очень беспокоится о маме и очень нервничает, что ей нужно будет ждать во Владивостоке.

Я надеюсь на тебя! С меня причитается!

Спасибо, дорогой Стёпа.

Кёнг А

Вот такое письмо я сочинила. Сочиняла целый день! Посмотри, пожалуйста! Постарайся ответить мне сегодня! Мне правда очень-очень нужно!

Твоя Кёнг А



👉 아래 도움을 요청하는 문구들을 읽고 다음 두 그룹으로 나누어 보세요.

👉 Прочитайте слова с просьбой о помощи. Разделите их на две группы.

① 일반적인 도움의 요청 표현

**Слова, которые можно использовать в любом письме (общие слова о помощи)**

② 구체적인 도움의 요청 표현

**Конкретные просьбы.**

1. Если ты мне друг, ты должен мне помочь

2. Прочитай, пожалуйста, и исправь ошибки!

3. У меня к тебе просьба

4. Встреть его, пожалуйста!

5. Созвонитесь с ним!

6 Поможешь?

7. Постарайся ответить мне сегодня

8. Мне правда очень-очень нужно.

9. Мне очень – очень нужна твоя помощь.

10. Постарайся мне помочь, если у тебя найдётся немного времени.

11. Постарайся мне помочь, если тебе не трудно.

12.  Не могла бы ты встретить её?

13. Может быть, вы вместе посмотрите Владивосток?

14. Помоги ей, пожалуйста!

15. Извини, пожалуйста! У меня к тебе дело.

16. Знаешь? Мне очень нужна твоя помощь. Это ужасно важно для меня.

17. Помоги мне, пожалуйста, если сможешь.

18. Кажется, только ты можешь мне помочь.

19. Будь так добр(а), пожалуйста, сделай для меня одну вещь!

## ЗАДАНИЕ 79

☞ 여러분이 다음과 같은 상황에 처해있다고 가정하고, 친구에게 도움을 요청하는 편지를 써보세요.

☞ Прочитайте, что конкретно вам нужно от вашего друга. Сформулируйте вашу проблему и запишите.

### КОММЕНТАРИЙ

Обычно в начале письма вы рассказываете другу, какая у вас есть проблема. Вы должны убедить вашего друга, что вам на самом деле без него не обойтись.

Обычно мы вводим друга в курс дела с помощью слов:

- Ты знаешь?

- Представляешь?

- Знаешь?

- Помнишь, я писал(а) тебе о ……

- Помнишь, я рассказывал(а) тебе о…….

- Помнишь, мы говорили о ……

도움을 요청하는 편지를 쓸 때에는 편지의 서두에 여러분의 문제에 대해 이야기합니다. 그리고 친구에게 그의 도움 없이는 이 상황을 해결할 수 없다고 간곡히 이야기합니다.
다음과 같은 표현으로 사건을 서술하기 시작합니다.

Вы в Интернете познакомились и долго переписывались с каким-то человеком (Дмитрий). Он собрался приехать в Корею. Но вдруг пропал. Другой ваш друг / подруга живёт в том же городе.

**- Помнишь, я тебе писала о Дмитрии? Я познакомилась с ним в Интернете. Мы переписывались целый год. Две недели назад он позвонил мне и сказал, что он приедет в Корею. Он должен был приехать вчера. Но уже 2 недели он не звонит мне и не отвечает на мои письма. Я не знаю, где он и что случилось. У меня есть его почтовый адрес. Кажется, только ты можешь мне помочь.**

1. Кто-то серьёзно заболел. У вас в городе вы не можете купить лекарство. Но вы знаете, что это лекарство можно купить в России.

2. Вы потеряли телефон вашей русской подруги, а на письма она не отвечает. Вы никак не можете связаться с ней.  Но вы знаете, что ваш русский друг Виктор знаком с ней.

3. Ваша подруга послала вам посылку из России. Но вы её не получили. На почте здесь, в Корее они не нашли вашу посылку.

4. У вас есть корейская подруга, которая живёт в России. Она совсем плохо говорит по-русски, поэтому ей очень трудно. Она хотела бы позаниматься русским языком. Она не бедная, у неё есть деньги.

5. Вы послали ваши документы в какой-то университет в Петербурге, потому что хотите поехать туда поучиться. Прошло уже много времени, но никто не отвечает вам. Вам срочно нужно приглашение. Дозвониться туда вы не можете.

☛ 아래 문장을 한국어로 번역하세요. 책을 덮고 한국어 문장을 다시 러시아어로 번역해 보세요.

☛ Переведите на корейский язык. Перевод запишите. Закройте книги, и переведите обратно на русский язык.

1. Поможешь? Напиши, если не сможешь! Я придумаю что-нибудь еще!

2. Помоги, пожалуйста! Я на тебя очень надеюсь!

3. Мне правда очень нужно!

4. Постарайся помочь, пожалуйста!

5. Жду твоего сообщения!

6. С меня причитается!

7. Я был бы тебе очень благодарен. / Я была бы тебе очень благодарна.

8. Буду тебе очень обязан(а)!

9. Ответь мне, пожалуйста, в любом случае, даже если не сможешь помочь. Жду!

10. Напиши мне, пожалуйста, как можно скорее, сможешь ли ты помочь мне. Спасибо!




☛ 부탁을 담은 편지를 써보세요. 편지에는 다음과 같은 내용이 포함되어야 합니다.

☛ Напишите маленькое письмо с конкретной просьбой. В письме вы должны:

1. Поприветствовать вашего друга.

2. Сказать общие слова о помощи.

3. Сформулировать вашу проблему.

4. Написать вашу конкретную просьбу.

5. Ещё раз написать какие-то общие слова о помощи, выразить надежду и чувство благодарности.

В современном мире время – это деньги. Обычно люди очень заняты. Для них достаточно нелегко найти время, чтобы выполнить вашу просьбу. Поэтому, если вы хотите попросить вашего друга / подругу встретить кого-то и провести с ним время, вы должны сделать рекламу этому человеку.  Как это сделать?

    а) написать вводные слова;

    б) заинтересовать или заинтриговать;

    в) дать некоторую информацию об этом человеке;

    г) сказать в его адрес лестные слова.

오늘날 시간은 돈처럼 귀합니다. 사람들은 매우 바쁘기 때문에, 다른 사람의 부탁을 들어주기 위해 시간을 내는 것이 쉬운 일이 아닙니다. 그러므로 여러분이 친구에게 누군가를 만나서, 그와 함께 시간을 보내주기를 부탁한다면, 먼저 그에 대한 소개를 해야 합니다. 어떻게 할까요?

1) 시작하는 말을 씁니다
2) 친구의 흥미를 불러일으킵니다
3) 그에 대한 정보를 줍니다.
4) 그에 대해 칭찬하는 말을 합니다

## ЗАДАНИЕ 82

☛ 아래 표현을 읽고 3 그룹으로 나누어 보세요.

☛ Прочитайте выражения и предложения. Разделите их на 3 группы:

① 도입어 вводные слова

② 흥미를 불러일으키는 정보 интересующая информация

③ 칭찬하는 말 лестные слова

1. Ты знаешь?

2. Я тут познакомился с одной девушкой, она мне так понравилась!

3. С ним интересно!

4. Представляешь?

5. Я тут познакомилась с одним парнем. Он работает на телевидении.

6. Помнишь, я писала тебе об одном парне?

7. С ней так легко!

8. Здесь есть один человек (парень, девушка), который может быть тебе полезен.

9. Я встречаюсь с ним уже несколько месяцев!

10. Помнишь, мы говорили об одном парне?

11. Я чувствую себя с ним просто.

12. Знаешь?

13. Она милый, симпатичный, приятный человек.

14. Помнишь, я рассказывала тебе об одном замечательном человеке?

15. Она мне всегда помогает, если у меня есть проблемы.

## ЗАДАНИЕ 83

친구에게 누군가를 공항에서 마중해 줄 것을 부탁하는 편지를 써보세요.
편지에는 다음의 내용이 포함되어야 합니다.

Напишите письмо вашему другу или подруге, в котором вы просите встретить какого-то человека в аэропорту. Напишите:

1) вводные слова;

2) общую просьбу;

3) заинтересуйте вашего друга;

4) дайте некоторую информацию об этом человеке (кто он, где он учится или работает, сколько ему лет, что вы любите делать вместе);

5) скажите в его адрес лестные слова;

6) опишите вашу конкретную просьбу;

7) выразите надежду и благодарность.

## БЛАГОДАРСБТВЕННОЕ ПИСЬМО

## Слова

- лексика — 어휘
- базовый уровень — 기초 수준
- аудирование — 듣기
- пить / выпить за кого — ～를 위해서 마시다

**ТЕМА :** спасибо, ребята!!!!

Дорогие мои Стёпа и Света! Я сдала базовый уровень!!! Ура!!!  Я сдала все 5 аспектов: лексику и грамматику, аудирование,  чтение, письмо и говорение. На самом деле, письмо было самое трудное. Но благодаря вам, моим милым друзьям, я написала прекрасное письмо. Спасибо огромное!!!! Сегодня мы выпьем за вас пива в нашем любимом баре 《Чёрный пёс》.

Ваша Кёнг А

## ЗАДАНИЕ 84

연습문제 79와 83에서 친구가 여러분의 부탁을 들어주었다면, 다음 보기와 같이 감사 편지를 써보세요.

Предположим, ваши друзья выполнили ваши просьбы (Задание 79 и 83 ).

**Образец:**

Ваша  подруга нашла Дмитрия.

**- Дорогая моя Лена! Представляешь? Сегодня Дмитрий позвонил мне. Он уже в Корее. Если бы не ты, мы бы не встретились! Спасибо тебе огромное!**

1. Ваш друг / подруга купил и прислал вам лекарство.

2.  Виктор нашёл вашу подругу.

3.  Посылка нашлась.

4. Ваша  корейская  подруга  занимается  русским  языком  и  уже  немного
говорит по-русски.

5. Вы получили приглашение в университет.



## СОГЛАШАЕМСЯ ПОМОЧЬ,  ВСТРЕЧАЕМ НЕЗНАКОМОГО ЧЕЛОВЕКА В АЭРОПОРТУ

## Слова

| | |
|---|---|
| действительно | 정말로 |
| чудо, чудеса | 기적 |
| происходить / произойти | 일어나다, 발생하다 |
| Это удивительно! | 놀랍다! |
| куча работы | 일이 산더미같이 쌓였다 |
| договариваться / договориться с кем | ~와 합의하다 |
| тем более | 게다가 |
| уточнять / уточнить | 정확히 하다, 정정하다 |
| Значит, .... | 즉 |
| красивая фигура | 아름다운 몸매 |
| борода | 턱수염 |
| на всякий случай | 만일의 경우에 대비해서 |
| плакатик | 작은 플랜카드 |
| как только | ~하자 마자 |
| кажется | 아마 |
| переводить / перевести деньги на счёт | 돈을 이체하다, 송금하다 |
| платить / заплатить за что | ~에 대해 지불하다 |

Света, дорогая! Да! Действительно,  на свете происходят чудеса. Это удивительно! Как только я сочинила письма с просьбой встретить моих друзей, так это произошло в жизни!

Твой муж Вася уже позвонил мне и сказал, что он не может встретить вашего друга Дмитрия. Как всегда, у них в фирме куча работы! И мы уже договорились с ним, что я помогу вам. В субботу я свободна. Я смогу подъехать в аэропорт и встретить Дмитрия. Мне даже интересно! Ты так интересно написала о нём! Я хочу с ним познакомиться, тем более, что он неженат ☺!

Сейчас у меня есть время. Я писала тебе, что я сдала базовый уровень. Сейчас я хочу немного отдохнуть. Мы с Димой можем погулять по Сеулу. Я покажу ему все интересные места и т.д.

Хочу уточнить ещё раз. Значит, он прилетает  в субботу на этой неделе, рейс SU-599. Он высокий, у него короткие светлые волосы и красивая фигура. Он с бородой и в очках. На всякий случай у меня в руках будет плакатик, где я напишу: «Дмитрий! Я Кёнг А». Скажешь ему, хорошо? И ещё.  Дай ему, пожалуйста, номер моего мобильника (010-9299-7363)!

Как только мы встретимся, я позвоню Васе на работу.

Ну вот, кажется, всё!

До связи! Кёнг А

PS Да! Забыла сказать! Вася перевёл мне на счёт 50.000 вон, чтобы я заплатила за билеты на автобус до аэропорта и за такси до дома. Спасибо! Скажи Дмитрию, чтобы он не беспокоился.

☛ 질문에 답하세요.

☛ Ответьте на вопросы.

## Слова

| | |
|---|---|
| ☛ порядочный человек | 점잖은 사람 |
| ☛ заботливый человек | 꼼꼼하고 세심한 사람 |

1. Кто такой Дмитрий?

2. Почему Вася сам не встречает Дмитрия?

3. Почему Кёнг А согласилась провести время с Дмитрием? Назовите 3 причины.

4. Почему можно сказать, что Вася – порядочный и заботливый человек?

5. Когда вы встречаете незнакомого человека в аэропорту, что нужно сделать, чтобы он узнал вас?

ЗАДАНИЕ 86

☛ 우리는 스베틀라나의 편지를 읽지는 못했지만, 그의 편지 내용을 짐작할 수 있습니다. 아래 글이 그녀의 편지에서 발췌한 것인지 아닌지를 생각하고, 보기와 같이 말해보세요.

☛ Мы не читали письмо Светланы, но можем догадаться, о чем она писала. Прочитайте выдержки из писем. Если, по вашему мнению, это выдержка из письма Светы, то согласитесь и найдите ответ на эти строки в письме Кёнг А. Если это выдержки из чужого письма, то скажите, что на самом деле написала Света, и найдите подтверждение в письме Кёнг А.

**Да, действительно, Света написала:** _______________

**Нет, на самом деле Света написала:** _______________ .

1. Ты знаешь? У меня есть один друг. Он очень красивый, но ужасно неприятный человек.

2. Он красивенький, но маленького роста.

3. Его зовут Иван. Он очень интересный человек. С ним легко и интересно.

4. Он прилетает в воскресенье вечером. Ты легко узнаешь его. Он очень толстый и высокий, в очках и с бородой.

5. Дмитрий прилетает с женой. Она очень милая и симпатичная. Она тебе понравится.

6. Дмитрий очень симпатичный, у него спортивная фигура и светлые волосы.

7. Уточни, пожалуйста, во сколько прибывает в Сеул её самолёт. Здесь я не смогла точно узнать. Номер рейса KE-924.

## ЗАДАНИЕ 87

☛ 다음 문장을 읽고 한국어로 번역해보세요. 책을 덮고 러시아어로 다시 번역해 보세요.

☛ Прочитайте предложения, в которых вы соглашаетесь выполнить разные просьбы. Переведите их на корейский язык. Перевод запишите. Закройте книги, и переведите обратно на русский.

1. Я помогу тебе! Я как раз свободна в этот день.

2. Я смогу встретить твоего друга в аэропорту.

3. Я обязательно созвонюсь с твоей подругой, и мы встретимся.

4. Я всё сделаю, как ты просила. Но хочу уточнить ещё раз, на всякий случай.

5. Не беспокойся! Я всё сделаю!

6. Хорошо! Договорились!



☛ 아래는 친구가 여러분의 부탁을 수락하는 내용입니다. 읽고, 여러분이 어떤 부탁을 했는지 чтобы를 사용해서 말해보세요.

☛ Прочитайте выдержки из писем, где ваш друг соглашается помочь вам. Скажите, о чём вы его просили. В ответе используйте слово <u>чтобы</u>.

> **чтобы**
> **Я** просила, *чтобы* **она** <u>встретила</u> моего друга в аэропорту.

**Образец:**

Хорошо! Я встречу твоего Олега в аэропорту.

- **Я просил(а), чтобы моя подруга встретила моего русского друга Олега в аэропорту.**

 **Слова**

| | |
|---|---|
| ☛ посылка нашлась! | 소포가 발견되었다! |
| ☛ заходить / зайти куда | ~에 들르다 |
| ☛ таможня | 세관 |
| ☛ высылать / выслать | 보내다, 발송하다 |
| ☛ как раз тот самый | 마침, 바로 그것 |

1. Мы уже созвонились с твоей подругой Машей. Мы договорились встретиться завтра в кафе в центре Сеула. Мы пообедаем вместе, потом я покажу ей Сеул.

2. Не беспокойся! Наша посылка нашлась! Я позвонила на почту, как ты просила. Они сказали, что наша посылка лежит на таможне во Владивостоке.

3. Я зашла в твой университет, как ты и просил. Они выслали тебе документы по DHL два дня назад.

4. Я купила тебе учебник корейского языка, как раз тот самый, что ты просила – с переводом на английский язык.



## ОТКАЗЫВАЕМСЯ ПОМОЧЬ, НО ПРЕДЛАГАЕМ РЕШЕНИЕ ПРОБЛЕМЫ

### Слова

| | |
|---|---|
| Как на зло! | 꼭 일부러 그런 것 처럼! |
| относительно | 상대적으로 |
| любой | 모든, 임의의 |
| Как раз в этот день | 마침 바로 그날 |
| Как раз то, что нужно | 마침 바로 필요하던 거야! |
| собеседование(интервью) | 면접, 인터뷰 |
| сотрудник | 직원, |
| ~ на неполный рабочий день | 파트타임 직원 |
| отказывать / отказать в просьбе | 부탁을 거절하다 |
| ставить / поставить кого в затруднительное положение | 어려운 처지에 놓이게 하다 |
| находить / найти выход из положения | 탈출구를 찾다 |
| расположен (-а, -ы) | 위치하다 |
| табличка | 표시 |
| обменный пункт | 환전소 |
| брать / взять такси | 택시를 잡다 |
| устраивать / устроить кого | 마음에 들다, 만족시키다 |
| Срочно сообщи! | 바로 알려줘! |

Стёпочка, привет! Я получила твоё письмо, где ты просишь встретить твою знакомую Марину здесь в Сеуле. Кажется, на свете действительно происходят чудеса. Это удивительно! Как только я сочинила письма с просьбой встретить моих друзей, так это произошло в жизни!

Ты знаешь, как на зло, в среду я совсем никак не могу! Вообще-то я сейчас относительно свободна. В любой другой день – пожалуйста! Но не в среду! Как раз в этот день у меня важное собеседование в одной небольшой компании.  Им нужен сотрудник на неполный рабочий день. Как раз то, что мне нужно! Но я не хочу отказывать тебе в просьбе и ставить тебя в затруднительное положение. Я нашла выход из положения.

У нас очень удобный аэропорт. Из аэропорта ходят скоростные автобусы во все концы Сеула и страны. Остановки автобусов расположены очень удобно и просто. Как только Марина выйдет после таможни в зал прибытия, пусть идёт налево и ищет выход 7А. Прямо около этого выхода останавливается автобус, который идёт до Санбона. Там есть табличка, и на ней по-английски написано Anyang, Sanbon. Билетная касса рядом с автобусом.  Деньги она может поменять прямо в зале прибытия – там есть несколько обменных пунктов.

Пусть она садится на автобус и едет до конца. А на автобусной остановке её встретит моя мама. У неё в руках будет большой красный зонт. Мама немного говорит по-английски, так что они поймут друг друга. ОК? Мама возьмёт такси, и они вместе доедут до университета. Я уже разговаривала с мамой. Она согласна.

Тебя устраивает такой вариант? Срочно сообщи! И пришли фотографию Марины!

Кёнг А

☛ 질문에 답하세요.

☛ Ответьте на вопросы.

1. Кто такая Марина?

2. Почему Кёнг А не может встретить Марину в аэропорту?

3. Кто-нибудь встретит Марину в аэропорту? Что она должна сделать?

   А) выйти после ______________ в ______________.

   Б) поменять ______________ в ______________.

   В) найти __________ 7А и найти ______________ с надписью Anyang, Sanbon.

   Г) сесть ______________ и доехать ______________.

4. Почему можно сказать, что Кёнг А – заботливый человек?




☛ 편지를 읽고 경아가 다음과 같은 내용을 쓴 부분을 찾아보세요.

☛ Найдите в письме и прочитайте, где в письме Кёнг А:

## Слова

☛ подтверждать / подтвердить  확인하다
☛ предлагать / предложить  제안하다

1. Подтверждает, что она поняла просьбу.

2. Пишет, что она не может сделать так, как просит Стёпа.

3. Объясняет, почему она не может сделать так.

4. Предлагает другой вариант решения проблемы.

5. Спрашивает, согласен ли Стёпа.

☛ 아래 친구의 부탁의 글을 읽고, 여러분이 그의 부탁을 이해했다는 것을 확인시켜주는 편지를 써보세요.

☛ Прочитайте, о чём вас просит друг. Напишите начало письма - подтвердите, что вы поняли просьбу.

## Слова

- заказывать / заказать гостиницу     호텔을 예약하다
- номер в гостинице     호텔방
- одноместный (двухместный, трёхместный) номер     1인실, 2인실, 3인실
- женьшень     인삼
- пластырь     파스, 반창고
- колено     무릎
- начальник     상사

**Образец:**

Ваша подруга просит вас заказать ей номер на два человека в недорогой, но не грязной гостинице.

**- Я получил(а) твоё письмо, где ты просишь меня заказать тебе гостиницу.**

1. Ваш друг просит вас съездить в компанию, взять документы и переслать ему.

2. Ваша подруга просит вас поехать на рынок Намдэмун, купить там и прислать для её мамы женьшень. Деньги за покупку он переведёт на ваш счёт или отдаст вам при встрече.

3. Ваш друг просит купить в аптеке корейские пластыри для колен, потому что у его отца болят ноги. В России таких пластырей нет. Вы должны передать эти пластыри начальнику вашего друга. Он отдаст деньги. Начальник сейчас в Корее, но он очень занят.

4. Ваш друг просит вас встретиться с его преподавателем, который сейчас в Корее, и показать ему Сеул.

5. Друг вашей подруги (его зовут Игорь) сейчас живёт в Корее. Игорь должен сдавать важный экзамен по корейскому языку. Но он ещё плохо говорит по-корейски. Ваша подруга просит вас позаниматься с ним. Он заплатит за уроки.

## ЗАДАНИЕ 92

☞ 다음 문장을 한국어로 번역하고, 책을 덮은 뒤 다시 러시아어로 번역하세요.

☞ Прочитайте предложения. Переведите их на корейский язык. Перевод запишите. Закройте книги, и переведите обратно на русский. В случае затруднения можно подсмотреть!

1. Как на зло, именно в этот день я занята.

2. Я не хочу ставить тебя в затруднительное положение.

3. Я надеюсь, что тебя устроит такой вариант.

4. Я не хочу отказывать тебе в просьбе.

5. Кажется, я нашла выход из положения.

6. Тебя устроит такой вариант?

7. Если такой вариант тебя устроит, срочно сообщи.

## ЗАДАНИЕ 93

☞ 아래 문장을 완성하세요.

☞ Дополните каждое предложение.

1. Именно в этот день _____________

2. Я не хочу отказывать тебе _____________

3. Такой вариант тебя _____________

4. Я нашла выход _____________

5. Я не хочу ставить тебя _____________

6. Если ты согласна, _____________

☞ 아래 문장을 보기와 같이 3인칭에 대한 행위로 바꾸세요.

☞ Измените предложения так, чтобы в них помощь нужна была третьему лицу. Предложения запишите.

Образец:

Доезжай до конца и жди меня на остановке.

- **Пусть он доезжает до конца и ждёт меня на остановке.**

- **Он должен доехать до конца и ждать меня на остановке.**

 **Слова**

| | |
|---|---|
| ☞ паспортные данные | 여권 정보 |
| ☞ индекс | 인덱스 |
| ☞ таможня | 세관 |
| ☞ обменивать / обменять деньги | 환전하다 |
| ☞ обменный пункт | 환전소 |
| ☞ стойка | 스탠드, 카운터 |
| ☞ копия | 복사본 |

1. Пришли мне, пожалуйста, свои паспортные данные и фотографию.

2. Напиши мне, пожалуйста, свой точный адрес с индексом.

3. Садись на автобус, который идёт до города Тэгу (Daegu).

4. Выходи после таможни в зал прибытия.

5. Обменяй деньги в обменном пункте в зале прибытия.

6. Ищи девушку с плакатиком. На нём будет написано твоё имя.

7. Передай сумку моей подруге Ю Ми.

8. Я заказала билеты на моё имя. Назови им моё имя.

9. Возьми билеты на стойке с надписью information.

10. Сделай, пожалуйста, копию всех документов и пришли мне.

11. Жди в кафе «Чёрная собака».

12. Я заказала номер в недорогой, но хорошей гостинице. Бери такси и езжай прямо туда. Это близко.



여러분의 친구가 어떤 부탁을 했습니다(연습문제 91와 94를 참고하세요). 아래 내용을 포함하는 답신을 써보세요.

Ваш друг или подруга просит вас о чём-то (можно воспользоваться ситуациями из заданий 91 и 94). Напишите ответ. В ответе:

1. Подтвердите, что вы поняли просьбу.

2. Напишите, что вы не можете сделать так, как он(а) просит.

3. Объясните, почему вы не можете сделать так.

4. Предложите другой вариант решения проблемы.

5. Спросите, согласен ли ваш друг.

**ПИСЬМО 31**

## МЫ СЕРДИМСЯ, НО НЕ ХОТИМ ССОРИТЬСЯ.

## Слова

| | |
|---|---|
| ну, ты даёшь! | 너, 정말 너무했다! |
| оклеивать / оклеить что, чем | ~을 ~으로 붙이다 |
| печатать / напечатать что на принтере | 인쇄하다 |
| худеть / похудеть на ~ килограмм | ~킬로그램 몸무게가 줄다 |
| мелодрама | 멜로드라마 |
| влюбляться / влюбиться в кого | ~에게 반하다 |
| если ты хочешь знать(= да будет тебе известно) | 만약 알기 원한다면 |
| успокаиваться / успокойться | 진정하다, 안심하다 |
| сердиться / рассердиться | 화내다 |
| резкие слова | 날카로운 말 |
| шок | 쇼크 |

Стёпа! Мы встретились с Мариной. Она действительно очень милая и симпатичная. Но что она мне рассказала!!!! Она говорит, что ты оклеил всю комнату моими фотографиями, напечатал все мои письма на принтере, и всё время носишь с собой. Ты ничего не ешь, похудел на 10 кг! Это правда!? Что это за новости такие?!! Ты что, ненормальный? Ты влюбился, что ли? Мы с тобой так не договаривались! Когда ты написал мне первый раз, я была рада. И мне очень нравится дружить с тобой. Но мы только друзья! Пожалуйста, не надо мелодрам!  А то я больше совсем не буду тебе писать! Ты понял?! Если хочешь знать, здесь есть один парень, который мне очень нравится.  Так что успокойся!

Ну, ладно! Ты не сердись, что я написала так резко. Но я правда была в шоке,  и даже расстроилась. Я отношусь к тебе как к другу. Многие говорят, что дружба между мужчиной и женщиной невозможна. Это неправда. Я с удовольствием дружу с мальчиками. Давай останемся просто друзьями! Хорошо?

Твоя корейская подруга Кёнг А

## ЗАДАНИЕ 96

☞ 다음 문장을 읽고 그것이 텍스트의 내용과 부합하는지, 아닌지 보기처럼 말해보세요.

☞ Прочитайте утверждения. Если они правильные, то согласитесь и найдите подтверждение в тексте письма. Если они не правильные, скажите, как на самом деле обстоят дела. В ответе используйте выражения:

**Образец:**

Да, это правда. Действительно, _______________.

Нет! Это неправда. На самом деле _______________.

1. Стёпа влюблён в Кёнг А.

2. Кёнг А тоже влюблена в Стёпу.

3. Дружба между мужчиной и женщиной невозможна.

4. Кёнг А сердится.

5. Кёнг А не хочет больше переписываться со Стёпой.

6. Кёнг А терпеть не может мальчиков.



다음 문장을 읽고 아래 세개의 그룹으로 나누어보세요.

Прочитайте предложения. Разделите их на три группы.

① 화내는 표현 Сердитые слова

② 중립적 표현 Обычные, нейтральные слова

③ 화해하는 표현 Примирительные слова.

1. Ты что?!!

2. Ты что, ненормальный?!!

3. Какие у тебя новости?

4. Кажется, он не совсем нормальный.

5. Что это ещё за новости такие?!!

6. Мы с тобой так не договаривались!

7. Это правда?!

8. Ты понял?!

9. Ну, ладно!

10. Ты всё понял, что я написала?

11. Знаешь что? Успокойся!

12. Давай останемся друзьями!

13. Я правда в шоке!

14. Если ты хочешь знать, ты мне совсем не нравишься!

15. Не надо мелодрам!

16. Не сердись, что я написала так резко.

17. Ну, знаешь ли! Ты даёшь!

18. Я к тебе очень хорошо отношусь.

☞ 경아의 편지에서 다음의 내용을 찾아보세요.

☞ Найдите в письме Кёнг А, где она:

А) рассказывает, что ей не нравится;

Б) говорит, что она сердится;

В) говорит примирительные слова;

Г) предлагает остаться друзьями.



☞ 다음 문장을 읽고 보기처럼 여러분이 화가 난 점을 이야기해 보세요.

☞ Прочитайте, что случилось. Напишите, что вам не нравится. Начните ваш ответ с одной из фраз:

**Образец:**

*Говорят, что ты...*

*Я слышал(а), что ты ...*

*Один мой друг (одна моя подруга) сказал(а), что ты ...*

*Я узнал(а), что ты ...*

## Слова

- кинозвезда — 스타 영화배우
- всякие глупости — 엉터리 같은 말
- всякая ерунда — 말도 안되는 소리
- поместить ~ в интернет — 인터넷에 올리다

**Образец:**

Ваш друг говорит всем, что вы влюблены в него, как кошка.

- Я узнала, что ты говоришь обо мне всякие глупости. Это правда?

1. Ваш друг сказал всем, что вы – корейская кинозвезда.

2. Ваша подруга дала ваш электронный адрес человеку, которого вы терпеть не можете. Его зовут Эдик.

3. Ваша подруга поместила ваш профиль с фотографией в корейский сайт знакомств, а ваши друзья увидели вас, и теперь вам стыдно.



여러분이 어떤 일로 친구에게 화가 났지만, 결국 화해하고 친구로 남기로 했다는 내용의 편지를 써보세요. 다음의 내용을 포함시키세요.

Придумайте другую ситуацию, когда вы сердитесь на друга или на подругу. Напишите сердитое письмо, но останьтесь друзьями. В вашем письме:

1. Напишите, что вам не нравится.

2. Поругайте друга.

3. Скажите примирительные слова.

# 2

Раздел 2 | **Для тех, кто пишет письма редко.**

**ПИСЬМО 32**

ГОВОРИМ, ЧТО МЫ ДАВНО НЕ ОБЩАЛИСЬ, ПРЕДПОЛАГАЕМ, ЧТО У ВАС НОВОГО, РАССКАЗЫВАЕМ СОБЫТИЯ ИЗ НАШЕЙ ЖИЗНИ, ХОТИМ ОБЩАТЬСЯ ЧАЩЕ.

## Слова

| | |
|---|---|
| общаться / пообщаться с кем | ~와 이야기하다 |
| полтора | 1.5 |
| с тех пор, как | ~한 이후로 |
| позапрошлый год | 2년 전 |
| талантливый | 재능 있는 |
| ревновать / взревновать кого | 질투하다 |
| Произошло событие | 사건이 일어나다 |
| бакалавр | 학사 |
| Во-первых, | 첫째 |
| Во-вторых, | 둘째 |
| В-третьих | 셋째 |
| удачная фотография | 잘나온 사진 |
| прыгать / прыгнуть | 펄쩍 뛰다 |
| убегать / убежать от кого | ~로부터 도망치다 |
| устроить свадьбу | 결혼식을 치루다 |
| оплачивать / оплатить что | 지불하다 |
| официальное приглашение | 공식적인 초청장 |
| пропадать / пропасть надолго | 오랫동안 나타나지 않다 |
| делать жесты | 제스춰를 하다 |
| передавать / передать привет кому | ~에게 안부전하다 |

Здравствуйте, дорогие мои Наташа и Доминик! Вы ещё меня помните? Это я, Санг Су! Когда мы последний раз общались? Наверное, года полтора назад? Я не писал вам с тех пор, как Наташа переехала жить во Францию! Да и вы тоже не очень-то пишете. Но мы с Анной вас не забываем! Вот, вчера смотрели разные фотографии, и в том числе наши с вами. Помните? Когда вы приезжали в Корею в позапрошлом году! Что у вас нового? Как жизнь? Наверное, вас уже не двое? Я уверен, что у вас девочка. Такая же красивая и талантливая, как Наташа. (Доминик! Ну, не ревнуй! Ты же знаешь, что я люблю твою жену! ☺ ☺ )

У нас произошли разные важные события. Во-первых, я закончил университет. Можете меня поздравить. Теперь я бакалавр. Вы можете увидеть меня в одежде ученого на фотографии (см. приложение). Во-вторых, я, наконец, съездил в Россию. В прошлом году я на 4 месяца ездил на учёба в Санкт-Петербург. Интересное было время! Но это отдельный рассказ. Напишу в следующий раз, если будет время. Пока посылаю вам еще несколько самых удачных фотографий. Там на одной фотографии - это я прыгаю в Неву ☺, а на другой  - я убегаю от Петра I ☺ ☺.

И, наконец, самая важная новость: МЫ С АННОЙ РЕШИЛИ ПОЖЕНИТЬСЯ!!! Собственно, я поэтому и пишу. Мы предполагаем устроить свадьбу через три месяца, то есть, в конце июня или в начале июля. Как у вас со временем и с деньгами? Сможете приехать? Гостиницу мы оплачиваем, еду тоже, так что вам нужно будет только купить билет. Приезжайте! Мы будем страшно рады видеть вас! Мы вам пришлём официальное приглашение. Ждите! И думайте, как можно организовать вашу поездку в Корею.

Мы ждём вашего ответа! Не пропадайте, пожалуйста! Не забывайте старых друзей! Вот, Анна сейчас тоже подошла к компьютеру и делает разные жесты. Сердится, что вы так долго не писали! Передаёт вам огромный привет!

Ваши Анна и Санг Су

## ГОВОРИМ, ЧТО МЫ ДАВНО НЕ ОБЩАЛИСЬ, ПРЕДПОЛАГАЕМ, ЧТО У ВАС НОВОГО, РАССКАЗЫВАЕМ СОБЫТИЯ ИЗ НАШЕЙ ЖИЗНИ, ХОТИМ ОБЩАТЬСЯ ЧАЩЕ.

## Слова

| | |
|---|---|
| приятная неожиданность | 뜻밖의 기분 좋은 일 |
| совершенно неожиданно | 전혀 예상 밖으로 |
| сколько лет, сколько зим! | 이게 얼마 만이니! |
| в самом деле | 사실 |
| переставать / перестать + inf НСВ | ~하기를 멈추다 |
| сразу | 곧, 당장 |
| виноват (-а, -ы) | 잘못했다. |
| тройня | 세쌍둥이 |
| Вот это да! | 과연 대단하다! |
| Ну и ну! | 우와! |
| роды | 출산 |
| период | 기간 |
| дело в том что | 사실은 |
| предполагать / предположить, что ... | …가정하다. 예상하다 |
| плакать / заплакать | 울다 |
| заботливый человек | 세심하게 배려하는 사람 |
| относиться к чему как | ~에 대해 어떤 태도를 취하다 |
| философски | 철학적으로 |
| в остальном | 나머지는 |
| как обычно | 보통 |
| учиться дальше | 계속 공부하다 |
| трудно с чем | ~가 어렵다 |
| стипендия | 장학금 |
| бесплатно | 공짜로 |
| стипендия для бесплатного обучения | 무상 교육을 위한 장학금 |
| здóрово! | 대단해! |
| было бы здóрово! | (그렇게 하면) 아주 좋을텐데! |
| собираться / собраться + inf | ~할 준비를 하다 |
| свадьба в корейской традиции | 한국 전통 결혼식 |

- ➡ слегка     살짝
- ➡ повернут на чём     ~를 매우 좋아하다, 열광하다
- ➡ солёная рыба     소금에 절인 생선
- ➡ пьяный     술취한
- ➡ специально     일부러, 특별히
- ➡ желать / пожелать чего     기원하다

**ТЕМА : привет из Кореи**

Здравствуй, дорогая Света! Какая приятная неожиданность! Открываю сегодня почту, и что я вижу? Письмо от тебя! Сколько лет, сколько зим! Давно мы с тобой не общались! Спасибо тебе огромное, что ты не забыла свою корейскую подругу. Мне и в самом деле очень приятно! Я получила несколько твоих писем – это было ещё год назад. Но тогда у меня был трудный период в жизни. Я не ответила тебе сразу, а потом и ты перестала писать. Прости, пожалуйста! Это я виновата.

Во-первых, хочу поздравить вас с Васей! Тройня! Вот это да! Два мальчика и одна девочка сразу! Ничего себе! Ты молодец! Как это ты, такая маленькая, родила сразу троих детей? Ну и ну! И ты нашла время, чтобы написать мне письмо! Спасибо огромное! Как ты себя чувствуешь после родов? Устала, наверное, очень? Ну, это ничего! Не беда! Главная радость – это дети. Я тоже хочу двух мальчиков и одну девочку, а лучше две девочки ☺ Но я пока не хочу замуж. Сначала я хочу учиться.

Я написала, что год назад у меня был трудный период в жизни. Дело в том, что в ноябре прошлого года умер мой отец. Это произошло совершенно неожиданно. Правда, последнее время он слишком много работал и не очень хорошо себя чувствовал, но никто не мог предполагать, что всё так серьёзно… Сейчас я уже могу спокойно писать об этом, но тогда я много плакала. Мой отец был прекрасный, заботливый человек. Я его очень любила и люблю сейчас. Но… Жизнь есть жизнь. Я отношусь к жизни философски.

В остальном у меня пока всё, как обычно. В этом году зимой я заканчиваю университет. Надо искать работу… Ох! Непростое это дело! Вообще-то, я бы хотела продолжать учиться дальше, но после смерти папы стало трудно с деньгами. Я слышала, что государство даёт несколько стипендий для бесплатного обучения в России. Я хочу попытаться сдать экзамен на такую стипендию. Сейчас я очень много занимаюсь. Вдруг получится? Было бы здорово!

Как у тебя дела? Какие новости? Как чувствует себя  мама? Что нового у Васи? Не собираетесь ли вы снова приехать в Корею? Было бы здорово снова встретиться здесь всем вместе.

Помните мою старую школьную подругу Анну и её друга Санг Су? Представляете? Они летом поженились. Была очень красивая свадьба, сначала в корейской традиции, а потом в русской. Если вы помните Санг Су, он слегка повёрнут на России. Гости гуляли три дня. Он купил в русском магазине на Тонгдэмуне русскую водку, чёрный хлеб, солёную рыбу и т.д. Все были пьяные и счастливые. Кажется, вы знаете Наташу и Доминика? Они приехали из Франции специально на свадьбу. Если будет время – пиши, пожалуйста! Передавай большой привет мужу. И приезжайте опять в Корею! А если я сдам экзамен, то я приеду в Россию. Пожелайте мне удачи!

Ваша корейская подруга Кёнг А



☞ 질문을 읽고 답하세요

1. Перечислите, какие события произошли или вот-вот произойдут в жизни Санг Су?

   А)

   Б)

   В)

2. Перечислите, какие события произошли или вот-вот произойдут в жизни Кёнг А, её семьи и друзей?

   А)

   Б)

   В)

3. Что собирается делать Кёнг А после университета?

4. Что за свадьба была у Санг Су и Анны? Кто был на свадьбе?

5. Санг Су пишет : 《Наверное, вас уже не двое》. Что он хочет сказать?

다음 표현들을 4개의 그룹으로 나누어 보세요.

Прочитайте предложения. Разделите их на 4 группы.

① 네(당신의) 편지를 받아서 기뻤어.

**МЫ РАДЫ, ЧТО ПОЛУЧИЛИ ПИСЬМО**

② 우리는 오랫동안 연락하지 않았지.

**ГОВОРИМ, ЧТО МЫ ДАВНО НЕ ОБЩАЛИСЬ**

③ 새로운 소식을 알려주거나, 묻는다.

**ПРЕДПОЛАГАЕМ ИЛИ СПРАШИВАЕМ, ЧТО У ВАС НОВОГО**

④ 앞으로는 더 자주 연락하자.

**ХОТИМ ОБЩАТЬСЯ ЧАЩЕ**

1. Какая приятная неожиданность!

2. Когда мы последний раз общались?

3. Я не ответила тебе сразу, а потом ты перестала писать.

4. Я не писал тебе с тех пор, как мы виделись два года назад.

5. Что я вижу? Письмо от тебя!

6. Вы не очень-то пишете.

7. Спасибо огромное, что не забываешь.

8. Если будет время – пиши, пожалуйста!

9. У меня пока всё, как обычно.

10. Он сердится, что вы так долго не писали!

11. Было бы здорово снова встретиться здесь всем вместе.

12. Не пропадайте, пожалуйста!

13. Как чувствует себя мама?

14. И, наконец, самая важная новость

15. Не собираетесь ли вы снова приехать в Корею?

16. Сколько лет, сколько зим!

17. Мы вас не забываем.

18. Что нового у Васи?

19. Спасибо, что ты нашла время, чтобы написать мне письмо!

20. Приезжайте! Мы будем страшно рады видеть вас!

21. Что у вас нового? Как жизнь?

22. Мне и в самом деле очень приятно!

23. Вы ещё меня помните?

24. Не забывайте старых друзей!

25. Давно мы с тобой не общались!

26. У нас произошли разные важные события.

27.  У вас, наверное, уже есть дети?

**ЗАДАНИЕ 103**

☛ 아래 사건들을 읽어보세요. 여러분의 인생에서 이미 일어난 일과 앞으로 곧 일어날 일에 대해 적어보세요.

☛ Прочитайте о некоторых событиях. Дополните список событиями из вашей жизни за последний год и событиями, которые вот-вот произойдут.

1.  Весной я ездила в  Россию на учёбу на 4 месяца.

2. Летом мы с друзьями путешествовали по Европе. Мы посмотрели Францию, Италию и Англию.

3. Я встретила прекрасного парня.

4. Через два месяца я закончу университет.

5. Я проходила собеседование в одной фирме, и меня взяли на работу.

6. _________________________.

7. _________________________.

8. _________________________.

9. _________________________.

다음과 같은 내용을 포함하는 긴 편지를 써보세요.

Напишите довольно большое письмо. В нём:

1. Выразите радость, что получили письмо.

2. Скажите, как давно вы не общались с другом или подругой.

3. Спросите или предположите, что у неё нового.

5. Расскажите о событиях вашей жизни.

6. Скажите, что хотели бы общаться чаще или встретиться.

# Часть 3

Что и как можно написать
малознакомому человеку,
человеку, который старше вас или
занимает более высокое положение

## 친애하는 엘레나 세르게에브나!

Дорогая Елена Сергеевна!

# ПРОСИМ ПОМОЧЬ С ПОДРАБОТКОЙ

## Слова

| | |
|---|---|
| рекомендовать / порекомендовать +inf. | 추천하다 |
| относиться / отнестись к чему | ~에 대해 관계를 갖다 |
| ~ с пониманием | ~를 이해하는 마음으로 대하다 |
| автосалон | 자동차 전시회 |
| сотрудник | 직원 |
| сотрудник со знанием языка | 외국어 구사능력이 있는 직원 |
| кандидатура | 후보 |
| составлять / составить протекцию | 돌봐주다, 후원하다 |
| специальность | 전공 |
| проходить / пройти курс обучения | 수업을 듣다 |
| 4-месячный (четырёхмесячный) | 4개월간의 |
| параллельно | 동시에, 병행하여 |
| совершенство | 완벽함 |
| Мои знания далеки от совершенства | 내 지식은 전혀 완벽하지 않다 |
| находить / найти общий язык с кем | ~와 공통의 화제를 찾다 |
| в настоящее время | 현재 |
| продажа | 판매 |
| фирма по продаже автомобилей | 자동차 판매 회사 |
| маловато | 적은 편이다 |
| преодолевать / преодолеть | 극복하다 |
| располагать временем | 시간을 자유롭게 쓰다 |
| положительный ответ | 긍정적인 대답 |
| электронный адрес | 이메일 주소 |
| немедленно | 곧 바로 |
| высылать / выслать что | 보내다 |

Уважаемый Иван Петрович!

Меня зовут Ли Кёнг А, я из Кореи. Надеюсь, что Вы вспомните меня. Я встречала Вас в аэропорту, когда Вы приезжали в Корею.

Простите, пожалуйста, что я Вас беспокою. Мой коллега Ким Санг Су, которого Вы хорошо знаете, порекомендовал мне обратиться к Вам. Он сказал, что Вы отнесётесь к моему письму с пониманием.

У нас прошла информация, что в августе следующего года в Москве будет проходить Автосалон с участием корейских компаний. Господин Ким Санг Су слышал, что Вы принимаете участие в этом Автосалоне и что Вам нужны сотрудники со знанием корейского, русского и английского языка. Не могли бы Вы рассмотреть мою кандидатуру и, если возможно, составить мне протекцию?

О себе. Мне 25 лет. Год назад я закончила Университет Когурё по специальности «русский язык». В период обучения я проходила 4-месячный курс обучения русскому языку в Петербурге. Параллельно я изучала английский язык. Я имею сертификат 1 уровня по русскому языку и  сертификат 3 уровня по английскому языку. Конечно, мои знания еще далеки от совершенства, но я не боюсь разговаривать с иностранцами и нахожу с ними общий язык.

В настоящее время я работаю в небольшой компании по продаже автомобилей. Именно поэтому меня очень интересует Автосалон в Москве.

Конечно, опыта у меня пока маловато, но я люблю, и, кажется, могу преодолевать трудности. Кроме того, я пока не замужем, поэтому я располагаю временем.


Я очень надеюсь на Вашу помощь и на положительный ответ. Мой электронный адрес avtokorus@gmail.com

В случае положительного ответа сообщите мне, пожалуйста, какие документы нужны. Я вышлю немедленно.

С уважением

Ли Кёнг А

👉 위의 편지에서 아래에 해당하는 내용을 찾아보세요.

👉 Найдите в письме информацию.

1. Чем сейчас занимается Ли Кёнг А?

2. Откуда она знает Ивана Петровича?

3. Какое у неё образование?

4. Она опытный специалист?

5. Она надеется, что Иван Петрович не будет сердиться, что она ему написала.

6. Она надеется, что Иван Петрович вспомнит её.

7. Что она хочет?

8. Почему она обращается именно к Ивану Петровичу? Почему она решила, что он может ей помочь?

9. Какие документы, кроме диплома университета, подтверждают её образование?

10. Она просит Ивана Петровича помочь.

11. Какой у неё характер?

12. Кёнг А высказывает надежду.

13. Она не занята.

14.  Как можно с ней связаться?

15. Она спрашивает, что нужно.




👉 여러분은 다음과 같은 구인정보를 갖고 있습니다. 이 직업에 여러분의 성격이 적합하다는 것을 보기처럼 증명해 보세요.

👉 Прочитайте, где и / или кем вы хотите работать / подрабатывать. Напишите, какой у вас характер. Вам могут понадобиться слова и выражения:

 **Слова**

- Мне стало известно     나는 알게 되었습니다
- У нас прошла информация     나는 다음과 같은 정보를 들었습니다
- объявление на сайте     싸이트에 나온 공고
- специалист со знанием языка     외국어 지식이 있는 전문가
- сотрудник для работы с клиентами     고객상담 직원
- верующий человек     신자
- трудный подросток     문제가 있는 청소년
- находить общий язык с кем     ~와 공통의 화제를 찾다
- преодолевать / преодолеть трудности     어려움을 극복하다
- не бояться     무서워하지 않다
- ориентироваться в незнакомой обстановке     잘 모르는 상황에서 판단을 내리다
- точный человек     정확한 사람
- исполнительный человек     책임감 있는 사람
- терпеливый и добрый человек     인내심 있고 선한 사람
- теряться / потеряться в сложной ситуации     복잡한 상황에서 당황하다

**Образец:**

Я слышала, что вам нужны специалисты со знанием корейского, русского и английского языка для работы с клиентами.

**- Я легко нахожу общий язык с иностранцами.**

1. У нас прошла информация, что вам нужны гиды-переводчики.

2. Мне стало известно, что вам для работы на выставке нужны ассистенты со знанием языка.

3. Я прочитала на вашем сайте объявление, что вы ищете сотрудников для работы с клиентами на короткий период.

4. В нашей церкви я узнала, что вы приглашаете молодых специалистов, верующих людей, для работы с трудными подростками в городах России.

5. Мне стало известно, что вам нужен человек для работы с документами.

☞ 여러분이 그리 잘 알지 못하는 손위 사람에게 직장을 구하는 편지를 써보세요.

☞ Напишите письмо более старшему человеку, которого вы не очень хорошо знаете, с просьбой о работе.

---

**ПИСЬМО 35**

## ПИШЕМ ПИСЬМО ЛЮБИМОМУ РУССКОМУ ПРЕПОДАВАТЕЛЮ, КОТОРОГО НЕ ВИДЕЛИ НЕСКОЛЬКО ЛЕТ

## Слова

| | |
|---|---|
| ☞ бывший | 이전의 |
| ~ студент | 이전의 학생 |
| ☞ весточка | 소식 |
| ☞ магистратура | 석사과정 |
| ☞ конкурсный государственный экзамен | 국가 선발 고사 |
| ☞ бесплатное обучение | 무상 교육 |
| ☞ стипендия | 장학금 |
| ☞ упрямый | 고집스러운, 끈질긴 |
| ☞ во что бы то ни стало | 무슨 일이 있어도 |
| ☞ мне везёт | 나는 운이 좋다 |
| ☞ мне повезло | 나는 운이 좋았다 |
| ☞ командировка | 출장 |
| ☞ технический | 기술적인 |
| ☞ экономический | 경제적인 |
| ☞ прекрасная практика | 훌륭한 실습 |
| ☞ беззаботное время | 근심거리 없는 시절 |

Здравствуйте, дорогая Елена Сергеевна!

Вы помните меня? Я Кёнг А, Ваша бывшая студентка. Вы учили меня русскому языку в Университет Когурё в Корее. Когда вы уезжали в Россию, вы дали нам свой электронный адрес и сказали, что будете рады получить письмо (весточку – так Вы сказали). Вот я и решила Вам написать.

Сейчас уже 3 года прошло, как я закончила университет. Но я не забываю русский язык! Даже более того! Сейчас я учусь в магистратуре в Петербургском университете (СПбГУ).  Это мой первый год обучения, а всего учиться 3 года. Я поступила в магистратуру не просто так. В Корее я два раза сдавала конкурсный государственный экзамен для бесплатного обучения в России и на получение стипендии. Первый раз мне не удалось сдать экзамен. Были очень трудные задания по чтению и письму – экономические тексты. Но я упрямая! Я решила во что бы то ни стало сдать этот ужасный экзамен!

И мне повезло! В августе прошлого года мне удалось поработать на Автосалоне в Москве. Мне помог один русский инженер – его зовут Иван Петрович. Раньше я встречалась с ним в Сеуле, когда он приезжал в командировку в фирму, где я тогда работала. На Автосалоне я работала с русскими инженерами и экономистами. Это была прекрасная практика! Я узнала много  технических и экономических слов.

Я сдала экзамен – и вот я в Петербурге. Мне бы очень хотелось встретиться с Вами. Я часто вспоминаю дни, которые мы провели вместе с Вами в Университете Когурё. Пожалуй, это было лучшее время моей жизни… Теперь я понимаю, что это было весёлое и беззаботное время, но ещё и очень интересное. И это во многом благодаря Вам.

В следующем месяце у нас будут небольшие каникулы. Я собираюсь поехать в Москву на несколько дней. Если у Вас будет время, не могли бы мы встретиться? К сожалению, у меня нету Вашего телефона. Если Вы не против, пришлите мне номер Вашего телефона по электронной почте. Я Вам позвоню!

С надеждой на встречу –

Ваша студентка Кёнг А

PS Я посылаю Вам свою фотографию в приложении, чтобы Вы точно вспомнили меня!  ☺

🖝 질문에 답하세요.

🖝 Ответьте на вопросы.

1. Кто такая Елена Сергеевна?

2. Как давно не общались Кёнг А и Елена Сергеевна?

3. Как вы думаете, почему Кёнг А решила написать письмо Елене Сергеевне? Назовите несколько причин.



🖝 경아가 엘례나 세르게예브나와 만나지 못했던 동안 경아에게 어떤 일이 있었는지 말해 보세요.

🖝 Перечислите события, которые произошли в жизни Кёнг А за то время, пока они не общались с Еленой Сергеевной.

1. Она _____________ университет.

2. Она _____________ _____________________ _____________ экзамены для _____________ на _____________ _____________.

3. Она _________________ в магистратуру

4. Ей _________________________ найти подработку в Москве.

5. Она __________________ поехать на каникулы в Россию.



🖝 다음 문장을 한국어로 번역해보세요. 책을 덮고 다시 러시아어로 번역하세요.

🖝 Переведите на корейский язык. Перевод запишите. Закройте книги и переведите обратно на русский.

1. Я часто вспоминаю дни, которые мы провели в университете.

2. Благодаря вам мы лучше узнали и полюбили Россию.

3. Это было прекрасное беззаботное время.

4. Пожалуй, это было лучшее время моей жизни.

5. Благодаря вам я узнала, что русские люди умные,  весёлые и симпатичные.

6. Вы научили нас многим вещам.

7. Благодаря вам мы стали лучше понимать жизнь.

8. Я с улыбкой вспоминаю наши занятия.

9. С Вами было легко и интересно.

**ЗАДАНИЕ 111**

☛ 여러분은 러시아어 선생님을 2년 동안 만나지 못했습니다. 선생님께 다음과 같은 내용
의 편지를 써보세요.

☛ Вы не видели вашу русскую преподавательницу (преподавателя) 2 года.
Напишите ей (ему) письмо.

1. Напомните о себе.

2. Расскажите о событиях, которые произошли у вас за это время

3. Скажите несколько добрых слов в адрес вашей преподавательницы.

**ПИСЬМО 36**

## СОБИРАЕМСЯ ЗАЙТИ В ГОСТИ

## Слова

| | |
|---|---|
| ☛ скорый ответ | 빠른 답장 |
| ☛ беспокоиться за кого | ~때문에 걱정하다 |
| ☛ огромное удовольствие | 큰 만족, 기쁨 |
| ☛ точный адрес | 정확한 주소 |
| ☛ мне неудобно + inf. | 나는 ~하는 것이 편하지 않다 |
| ☛ знакомый | 알고 지내는, 익숙한 |

Спасибо за приглашение!

Дорогая Елена Сергеевна! Большое спасибо за скорый ответ. За меня, пожалуйста, не беспокойтесь! Я уже не первый раз буду в Москве. Там живут мои подруги-кореянки, они учатся в МГУ и живут в общежитии на проспекте Вернадского. Они мне помогут.

Я с огромным удовольствием приеду к Вам в гости. Спасибо за приглашение. Как можно доехать до Вашего дома от проспекта Вернадского? Если можно, не могли бы Вы написать мне Ваш точный адрес?

Мне очень неудобно, но я бы хотела Вас спросить. Можно я приеду не одна, а с двумя моими подругами? Они хорошо говорят по-русски, и с ними легко и интересно. Я рассказывала им о Вас, и они очень хотели бы познакомиться с Вами. Вы, пожалуйста, не беспокойтесь и специально ничего не готовьте. Мы принесём ваши любимые корейские пирожные – помните? Когда Вы жили в Корее, Вы любили «чаль-ток». Одна моя знакомая привезёт из Кореи большую коробку. Может быть у Вас есть какие-то просьбы? Я могла бы попросить её привезти что-нибудь ещё. Она приезжает через три дня.

Я буду ужасно рада Вас видеть! До скорой встречи!

Кёнг А

**ЗАДАНИЕ 112**

☞ 우리는 엘례나 세르게예브나의 편지를 읽지는 않았지만, 경아의 편지를 통해 그 내용을 추측할 수 있습니다. 아래 문장 중 그녀의 편지의 일부라고 여겨지는 것을 고르고, 보기처럼 말해 보세요.

☞ Мы не читали письмо Елены Сергеевны, но по письму Кёнг А можем догадаться, о чём она писала. Прочитайте строки из разных писем. Как вы думаете, какие из них написала Елена Сергеевна? Найдите в письме Кёнг А подтверждение.

Мой точный адрес: Улица Дмитрия Ульянова, дом 2 кв. 15

**- Нет! Елена Сергеевна не писала этого. Кёнг А пишет: « Не могли бы Вы написать мне Ваш точный адрес?». Это значит, что Елена Сергеевна ещё не писала свой точный адрес.**

1. Когда будете в Москве, обязательно приезжайте ко мне в гости. Я буду очень рада вас видеть.

2. Извините! Я совсем вас не помню!

3. Извините! Я не могу пригласить вас в гости. Мой муж очень строгий человек, и он совсем не любит гостей.

4. Я приготовлю что-нибудь вкусное.

5. От метро садитесь на 39-й трамвай и доезжайте до остановки 《Улица Дмитрия Ульянова》. Мой дом рядом с остановкой.

6. Привезите мне из Кореи корейский женьшень.

7. У вас есть, где остановиться в Москве? Вам нужна помощь?

## ЗАДАНИЕ 113

☛ 다음 문장을 한국어로 번역해보세요. 책을 덮고 다시 러시아어로 번역하세요.

☛ Переведите на корейский язык. Перевод запишите. Закройте книги и переведите обратно на русский язык.

1. Если у Вас будет время, не могли бы мы встретиться?

2. Большое спасибо за скорый ответ.

3. Спасибо за приглашение.

4. За меня не беспокойтесь!

5. Я с огромным удовольствием приеду к вам в гости.

6. Как можно доехать до вашего дома от метро?

7. Что вам привезти?

8. Можно я приеду не одна?

9. С ними легко и интересно.

10. Если можно, не могли бы вы написать мне ваш точный адрес?

11. Если вы не против, не могли бы Вы прислать мне номер Вашего телефона?

12.  Буду страшно рада с Вами увидеться.


## ЗАДАНИЕ 114

☞ 아래 동사의 현재 시제를 써서 문장을 완성하세요.

☞ Используя следующие глаголы, закончите предложения.

Прочитайте предложения. Напишите правильный глагол в настоящем времени.

### КОММЕНТАРИЙ

Когда мы говорим об отъезде или приезде или о наших планах пойти или поехать куда-то, мы можем использовать либо глагол будущего времени, либо глагол настоящего времени, хотя речь идёт о будущем. Мы говорим глагол настоящего времени только в том случае, если мы точно определили наши планы и не будем их менять. Например:

Мой друг прилетает в субботу рейсом SU-599.

В этом примере у друга уже есть билет, который он не собирается менять.

우리가 가까운 미래에 어디로 갈 것인지에 대한 계획을 이야기할 때에, 동사의 미래시제뿐 아니라 현재시제도 사용할 수 있습니다. 대체로 우리가 정확한 출발 계획을 알고 있거나, 그것을 수정할 의향이 없을 때 현재시제를 사용합니다. 예를 들어:

Мой друг прилетает в субботу рейсом SU-599.

이 문장에서 우리는 친구가 이미 비행기표를 갖고 있으며, 그는 이 계획을 수정할 생각이 없음을 알 수 있습니다.

## Слова

- ☞ прибывать / прибыть — 도착하다
- ☞ приезжать / приехать — (교통수단을 이용해서) 도착하다
- ☞ прилетать / прилететь — (비행기로) 도착하다
- ☞ приплывать / приплыть — (배로) 도착하다

1. Поезд _________________ на вокзал точно по расписанию.

2. Мы _________________ в аэропорт Шереметьево в 11:10.

3. Наш паром _________________ в Пусан вечером.

4. Мы _________________ на автовокзал.

Ждите нас в зале ожидания, потому что автобус может опоздать.

**ЗАДАНИЕ 115**

여러분은 이르쿠츠크에서 러시아 친구의 어머니를 방문하려고 했는데, 그분의 전화번호를 잃어버렸습니다. 친구의 어머니에게 다음과 같은 내용의 이메일을 써보세요.

Вы приезжаете в Иркутск и хотите прийти в гости к маме вашей русской подруги, телефон которой вы потеряли. У вас есть только электронный адрес мамы. Напишите письмо. В письме:

1. Представьтесь.

2. Скажите, когда и на сколько вы приезжаете.

3. Спросите, можно ли прийти к маме в гости ненадолго.

4. Попросите телефон и адрес.

5. Спросите, как и откуда можно к ней доехать.

6. Выразите радость.

# ЧЕРЕЗ ЗНАКОМЫХ ИЩЕМ СПЕЦИАЛИСТА В РОССИИ

## Слова

| | |
|---|---|
| крупная фирма | 큰 회사 |
| поставка | 배급, 공급 |
| запчасти | 예비 부품 |
| приспособления | 설비, 장치 |
| составляющие для автомобиля | 자동차 부품 |
| шеф | 상사 |
| подыскивать / подыскать кого | ~를 찾다 |
| сотрудник | 직원 |
| возглавлять / возглавить что | ~를 이끌다 |
| отделение фирмы | 지점 |
| вакантная должность | 공석, 빈 자리 |
| объявлять / объявить конкурс на должность | 채용공고를 내다 |
| кликать / кликнуть что | 클릭하다 |
| в качестве кого | ~ 로써 |
| ~ сотрудника | 직원으로써 |
| проверенный человек | 검증된 사람 |
| надёжный человек | 신뢰할 만한 사람 |
| насколько я знаю (= насколько мне известно) | 내가 아는 한 |
| Я не против! | 나는 반대하지 않는다 |
| сотрудничать с кем | ~와 협력하다 |
| обращаться / обратиться с предложением к кому | ~에게 제안하다 |
| интересовать / заинтересовать кого | ~의 흥미를 불러일으키다 |
| Как можно скорее | 가능한 빨리 |
| собеседование (= интервью) | 면접 |
| проходить / пройти собеседование, интервью | 면접을 통과하다 |
| У нас всё складывается | 우리는 모든 일이 잘 되어간다 |
| оплачивать / оплатить поездку | 여행비용을 지불하다 |

Здравствуйте, уважаемый Иван Петрович!

Как вы уже знаете от Ли Кёнг А, я сейчас работаю в одной довольно крупной фирме, которая занимается поставкой запчастей и некоторых других приспособлений и составляющих для автомобилей в Россию. Мы собираемся открывать новый офис в Москве. Мой нынешний шеф сейчас подыскивает сотрудника, который мог бы возглавить Московское отделение нашей фирмы с российской стороны. Он, конечно, объявил конкурс на замещение вакантной должности (Вы можете найти всю информацию на нашем сайте по адресу www.avtokorus.or.kr Надо кликнуть English – там слева есть рубрика vacancies.) Но он бы хотел иметь в качестве сотрудника уже проверенного надёжного человека.

Мы с Вами уже работали раньше вместе, и, насколько я знаю, Вы были бы не против сотрудничать с корейской фирмой. Именно поэтому я и обращаюсь к Вам с данным предложением.

Если моё письмо Вас заинтересует, напишите мне, пожалуйста, как можно скорее. Нужно будет пройти собеседование (или интервью, как теперь говорят), а для этого надо будет приехать в Корею. Если всё у нас с Вами сложится, то мне, возможно, удастся договориться с шефом, и фирма оплатит Вам эту поездку.

Я надеюсь, что мы снова будем с Вами работать вместе!

Ким Санг Су

## ЗАДАНИЕ 116

☞ 다음 표에서 왼편의 질문을 읽고, 그에 해당하는 답을 상수의 편지에서 찾아서 오른편 칸에 써보세요.

☞ Прочитайте вопросы левого столбика. Найдите в тексте письма соответствующую часть, которая отвечает на этот вопрос, и впишите в правый столбик.

## Слова

- официально
- по знакомству
- подавать / подать документы
- за счёт фирмы
- За чей счёт поездка?

  (= Кто оплачивает билет на самолёт?)

공식적으로

아는 사람을 통해

서류를 제출하다

회사의 돈으로

이 여행경비는 누가 지불하는

것입니까?

| Вопрос | Часть письма |
|---|---|
| 1) Кто такой Иван Петрович? Он знаком с Санг Су? Иван Петрович хотел бы работать с корейцами? Почему Санг Су пишет Ивану Петровичу, а не другому человеку? | |
| 2) В какой фирме работает Санг Су? Чем занимается эта фирма? | |
| 3) Какого человека ищет фирма для работы? Кого подыскивает шеф Санг Су? | |
| 4) Почему и для чего им нужен сотрудник в России? | |
| 5) Как можно официально, со стороны, не по знакомству подать документы? | |
| 6) Откуда Иван Петрович знает, где работает Санг Су? | |
| 7) О чём просит Санг Су Ивана Петровича? | |
| 8) Что нужно сделать, чтобы получить эту работу? | |
| 9) За чей счёт поездка для интервью? | |
| 10) Санг Су уверен, что Иван Петрович согласитая на его предложение? | |

여러분은 현재 일하고 있는 대학에 이전에 여러분을 가르쳤던 타찌야나 페트로브나 선생님을 초청하고 싶습니다. 그녀는 지금 러시아에서 일하고 있습니다. 위의 연습문제를 참고해서 그분께 편지를 써보세요.

Представьте, что вы закончили университет. Сейчас вы работаете преподавателем в корейском университете. Ваш шеф попросил Вас найти хорошего русского преподавателя. Ваша бывшая русская преподавательница Татьяна Петровна вам очень нравится. Она сейчас работает в России. Напишите ей письмо.

**ПИСЬМО 38**

## СОЖАЛЕЕМ ОБ ОТКАЗЕ. СОГЛАШАЕМСЯ С ПРЕДЛОЖЕННЫМ ВАРИАНТОМ

## Слова

| | |
|---|---|
| сожалеть | 안타깝게 생각하다 |
| нынешний | 현재의 |
| дела идут в гору | 일이 무척 잘 되어가다 |
| совершенно понятно | 충분히 이해가 되다 |
| рекомендации | 추천서 |
| доверять кому | ~를 신임하다 |
| вполне | 충분히 |
| чутьё | 감각 |
| ~ руководителя | 지도자로서의 감각 |
| товарищ (друг и коллега) | 동료 |
| данные | 자료, 수치, 인적사항 |
| Дело в том, что ... | 사실은 |
| делать / сделать исключение | 예외로 하다 |

| | |
|---|---|
| ☞ лично для Вас | 특별히 당신을 위해 |
| ☞ категорически не желать | 전혀 원하지 않다 |
| ☞ Увы! | 저런! |
| ☞ по этому поводу | 이에 관해 |
| ☞ отчаиваться / отчаяться | 실망하다, 절망하다 |
| ☞ кандидатура | 후보 |
| ☞ вне конкуренции | 경쟁 없이 |
| ☞ окупаться / окупиться | 지출이 보상되다 |
| ☞ поездка окупится | 여행경비를 보상 받다 |
| ☞ сказать по секрету | 비밀리에 말하다 |
| ☞ зарплата | 봉급 |
| ☞ приличная зарплата | 훌륭한 봉급 |
| ☞ коллега | 동료 |

**ТЕМА : очень жаль!**

Уважаемый Иван Петрович! Спасибо, что ответили сразу. Честно говоря, мне очень жаль, что Вы не сможете работать у нас. Я очень сожалею! Но, как я понял, дела в Вашей нынешней фирме идут в гору, и, конечно, совершенно понятно, что Вы не хотите оттуда уходить.

Большое спасибо за Ваши рекомендации. Я вполне доверяю Вашему чутью руководителя. Пусть Ваш товарищ срочно пришлёт нам свои данные. Однако есть одно маленькое «но». Оно касается оплаты поездки в Корею для собеседования. Дело в том, что наш шеф готов был сделать исключение для Вас лично и оплатить Вашу поездку. Но он категорически не желает делать это для другого человека… Увы!... Я ничего не могу сделать по этому поводу… Но пусть Ваш товарищ не отчаивается! Я почти уверен, что его кандидатура будет вне конкуренции. А если он будет работать с нами, то его поездка быстро окупится. Скажу Вам по секрету – зарплаты у нас достаточно приличные!

Жду письма от Вашего товарища!
Ваш корейский коллега Ким Санг Су

☞ 질문에 답하세요.

☞ Ответьте на вопросы.

## Слова

- ☞ принимать / принять предложение — 제안을 받아들이다
- ☞ отказываться / отказаться — 거절하다
- ☞ рекомендовать / порекомендовать кого — ∼를 추천하다
- ☞ за свой счёт — 자기 돈으로
- ☞ Здесь много платят (= здесь большая зарплата) — 여기는 봉급이 많다

1. Иван Петрович принял предложение Санг Су? Почему?

2. Какой другой вариант решения проблемы предлагает Иван Петрович?

3. О какой поездке говорит Сан Су в письме? Кто, куда и для чего должен приехать? За чей счёт?

4. Почему товарищ Ивана Петровича должен ехать за свой счёт?

5. Как вы думаете, почему кандидатура друга Ивана Петровича вне конкуренции?

6. В фирме, где работает Санг Су, много платят? Где в письме говорится об этом?

편지에서 상수는 추천 받은 사람이 빨리 인적사항을 보내줄 것을 요청했습니다. 인적 사항에는 다음 내용 중 무엇이 포함될까요?

В своём письме Санг Су просит: «Пусть Ваш товарищ срочно пришлёт нам свои данные». Прочитайте слова. Как вы думает, какие из них входят в число данных, которые нужны шефу Санг Су? Нужные слова подчеркните.

1. Фамилия
2. Имя
3. Отчество
4. Рост
5. Вес
6. Фигура
7. Специальность
8. Год рождения
9. Домашний адрес
10. Телефон
11. Характер
12. Образование.
13. Семейное положение
14. Зарплата.
15. Место работы
16. Здоровье
17. Цвет глаз и волос.
18. Количество детей.
19. Возраст жены.
20. Интересы.
21. Знание иностранных языков.



아래 부탁을 보기처럼 пусть를 써서 3인칭에 대한 명령으로 바꾸세요.

Прочитайте предложения, в которых ваш знакомый просит вас что-то сделать. Измените их так, чтобы в них говорилось, что должен сделать третий человек. Там должно быть слово пусть.

Образец:

Срочно пришлите документы.

**– Пусть он срочно пришлёт документы.**

1. Срочно приезжайте.

2. Срочно позвоните шефу.

3. Срочно пришлите нам ваши документы.

4. Напишите нам, пожалуйста, краткое резюме вашей статьи.

5. Сообщите нам номер рейса – наш сотрудник встретит вас в аэропорту.

6. Не беспокойтесь.

7. От аэропорта доезжайте на такси. Возьмите у водителя счёт – фирма оплатит расходы.

8. Не отчаивайтесь!



다음 문장을 한국어로 번역하세요. 책을 덮은 뒤 다시 러시아어로 번역하세요.

Переведите на корейский язык. Перевод запишите. Закройте книги и переведите обратно на русский.

1. Я очень сожалею, что вы не можете принять наше предложение.

2. Большое спасибо за ваши рекомендации.

3. Мы доверяем вашему мнению.

4. Пусть он срочно пришлёт нам свои данные.

5. Его кандидатура вне конкуренции.



여러분은 러시아친구에게 일자리를 제안했는데, 그녀는 거절했고 대신 자신의 동료를 추천했습니다. 위의 연습문제를 참고로 여러분이 러시아 친구의 추천에 동의하고, 그녀의 동료를 초청하는 편지를 써보세요.

Вы пригласили вашу знакомую из России для работы в вашей фирме, но она отказалась. Она предложила вам кандидатуру своей коллеги. Напишите небольшое письмо вашей знакомой, в котором вы соглашаетесь и приглашаете её коллегу приехать.

## ДАЁМ СОВЕТЫ И ВЫСКАЗЫВАЕМ ПРЕДОСТЕРЕЖЕНИЯ

## Слова

| | |
|---|---|
| заслуженный человек | 공로가 있는 사람 |
| резюме | 이력서, 요약문 |
| несомненно | 의심할 여지 없이 |
| принять рекомендации | 추천을 받아들이다 |
| всё-таки | 그래도 역시 |
| встречаться / встретиться лично | 개인적으로 만나다 |
| трансфер | 다른 곳으로의 이동 |
| заказывать / заказать гостиницу | 호텔을 예약하다 |
| назначать / назначить встречу на какое число | 만날 날짜를 ~로 정하다 |
| опытный человек | 경험이 많은 사람 |
| если вы не возражаете | 당신이 반대하지 않는다면 |
| предостережение | 주의, 경계 |
| давать / дать совет | 조언을 하다 |
| высказывать / высказать предостережение | 주의를 주다 |
| высыпаться / выспаться | 충분히 자다 |
| учитывать / учесть что | ~를 고려하다 |
| сразу | 곧바로 |
| довольно строгий | 꽤 엄격한 |
| выглядеть каким | 어떠한 모습으로 보이다 |
| уставший | 피곤한 |
| сонный | 졸린 |
| придавать значение чему | ~에 의미를 부여하다 |
| внешний вид | 외양, 겉모습 |
| насколько мне известно | 내가 아는 한 |
| маститый инженер | 다년간 근속한 기사 |
| это к нему не относится | 이것은 그와 상관없다 |
| на всякий случай | 모든 일에 대비하여 |

| | |
|---|---|
| ➥ заранее | 미리 |
| ➥ критические замечания | 비평적 언급 |
| ➥ представлять / представить предложения | 제안을 하다 |
| ➥ в мягкой форме | 부드러운 형식으로 |
| ➥ воспринимать / воспринять что как | ~을 어떻게 받아들이다 |
| ➥ взятка | 뇌물 |
| ➥ чудовище | 괴물 |
| ➥ я полностью в вашем распоряжении | 나는 당신의 처분에 달려있다 (나는 당신을 도울 의향이 있다) |



Дорогой Иван Петрович! Я всё получил от Вашего товарища. Я и не знал, что он такой заслуженный человек! Его резюме, несомненно, вне конкуренции. Кроме того, ваши рекомендации были приняты нашим шефом. Но всё-таки он хочет встретиться с Сергеем Александровичем лично. Мы организуем его встречу в аэропорту, трансфер до гостиницы и обед за счёт фирмы. Гостиницу мы закажем и оплатим. Шеф назначил встречу на 21 октября.

Уважаемый Иван Петрович! Вы человек опытный, и не мне Вам советовать. Но если Вы не возражаете, на всякий случай я дам несколько советов и выскажу несколько предостережений.

Когда Сергей Александрович приедет в Сеул, пусть он сначала отдохнёт и выспится пару дней. Учтите это, когда будете заказывать билет. Не надо сразу ехать к шефу. Наш шеф довольно строгий человек. Он не любит, когда сотрудник выглядит уставшим и сонным.

Наш шеф вообще придаёт большое значение внешнему виду. Насколько мне известно, русские инженеры, даже самые маститые, любят ходить в джинсах и свитере. Может быть, это не относится к Сергею Александровичу. Но говорю на всякий случай. Лучше, если на нём будет костюм и галстук.

Далее. Пусть Сергей Александрович ознакомится с документацией заранее (документацию я высылаю - см. приложение) и подумает, что ещё можно предложить. Но я бы не советовал ему высказывать критические замечания. Свои предложения он должен представить в мягкой форме.

Ещё один совет.  Не нужно привозить никаких дорогих подарков. Наш шеф воспримет это как взятку.

И последнее. Не следует думать, что наш шеф - чудовище. Он нормальный умный весёлый человек. 《Улыбайтесь! И вы найдёте общий язык》 ☺

Сообщите, пожалуйста, дату прибытия Сергея Александровича и номер рейса. Наш сотрудник встретит его в аэропорту. В руках у него будет плакатик с именем Сергея Александровича по-русски.

Ваш Санг Су.

PS Если у Сергея Александровича будут ко мне вопросы, дайте ему, пожалуйста, мой электронный адрес. Я полностью в его распоряжении.

## ЗАДАНИЕ 123

☛ 다음 동사구를 읽어보세요. 모든 동사는 완료상입니다.

☛ Прочитайте словосочетания V. + N. Здесь все глаголы стоят в СВ.

### КОММЕНТАРИЙ

В деловых письмах часто используются устойчивые сочетания определённых глаголов с определёнными существительными. Постарайтесь запоминать их сразу вместе или, по крайней мере, иметь под рукой список таких сочетаний.

사무용 서신에서는 동사와 명사가 결합해서 굳어진 표현을 자주 발견할 수 있습니다. 이러한 표현들은 즉시 외우거나 따로 목록을 만드세요.

1. дать рекомендации, принять рекомендации

2. организовать встречу, назначить встречу

3. организовать трансфер, оплатить трансфер

4. заказать гостиницу,  оплатить гостиницу

5. дать совет

6. высказать предостережение

7. заказать билет

8. придать значение

9. ознакомиться с документацией, подготовить документацию

10. высказать замечание

11. найти общий язык

12. представить предложение



☛ 다음 명사를 읽고, 이 명사와 자주 결합하는 동사가 무엇인지 기억해보세요. 잊었다면, 위의 연습문제를 참고하세요.

☛ Прочитайте существительные. Постарайтесь вспомнить глаголы, которые с ними сочетаются. Если вы забыли глагол, посмотрите Задание 123.

гостиница

встреча

трансфер

билет

совет

предостережение

замечание

предложение

рекомендации

документация

значение

общий язык

👉 아래 문장을 보기처럼 **пусть**를 넣어 3인칭에 대한 명령으로 바꾸세요.

👉 Прочитайте предложения, в которых ваш знакомый даёт вам совет. Измените их так, чтобы в них давался совет третьему человеку. Там должно быть слово <u>пусть</u>.

**Образец:**

Сначала отдохните!

**– Пусть он сначала отдохнёт.**

1. Выспитесь.

2. Наденьте костюм и галстук.

3. Подумайте, о чём вы будете говорить с шефом.

4. Улыбайтесь!

5. Подготовьте документацию.

6. Представьте деловые предложения в мягкой форме.

7. Внимательно слушайте всё, что говорит шеф.

8. Не бойтесь! Наш шеф – нормальный человек.



👉 아래 문장을 좀더 부드러운 형태로 바꾸어 보세요.

👉 Прочитайте предложения, в которых ваш знакомый предостерегает вас. Измените их так, чтобы они выглядели более тактично.

**КОММЕНТАРИЙ**

Очень часто предостережения высказываются в форме отрицания глагола в форе императива, например:

- Не говорите слишком много и быстро.

В таком виде предостережение выглядит довольно грубо, особенно если оно высказывается

경고는 보통 부정 명령형의 형태를 띱니다. 예를 들어:

- Не говорите слишком много и быстро.

이 경우 경고는 다소 거칠게 느껴지며, 특히 잘 알지 못하는 사람을 대상으로 할 때에는 더욱 그렇습니다. 여러분의 경고가 좀더 부드럽게 들리기 위해서

в адрес малознакомого человека. Для того, чтобы оно выглядело более тактично, следует использовать следующие выражения:

**- Не следует говорить слишком много и быстро.**

**- Не надо / не нужно говорить слишком много и быстро.**

**- Лучше, если вы будете говорить немного и небыстро.**

는, 다음과 같은 표현을 사용하는 것이 좋습니다.

- Не следует :
  ~하는 것은 합당하지 않다. .
- Не надо / не нужно :
  ~하는 것이 필요 없다.
- Лучше, если :
  ~한다면 더 좋을 것이다.

## Слова

- 🖝 перебивать      말을 끊다
- 🖝 демонстрировать      시위하다, 표시하다

1. Не высказывайте критических замечаний.

2. Не надевайте джинсы и свитер.

3. Не пейте много сочжу во время официального обеда.

4. Не привозите дорогих подарков.

5. Не приезжайте на встречу сразу из аэропорта.

6. Не перебивайте, если говорит другой сотрудник.

7. Не демонстрируйте, что вы всё знаете лучше других.

8. Не давайте советы шефу.

친구의 동료가 서울에 옵니다. 아래 그가 해야 할 일과 해서는 안될 일을 읽어보세요. 위의 연습문제에서 익힌 표현을 사용하여 그에게 추천과 조언과 경고가 담긴 편지를 써보세요.

Коллега вашего знакомого приезжает в Сеул. Прочитайте, что он должен или не должен делать - сделать. Напишите небольшое письмо с рекомендациями, советами и предостережениями.

Ваш коллега должен выйти из зала ожидания на стоянку такси и доехать до гостиницы «Новотель» на такси. Он не должен беспокоиться. Фирма оплачивает такси и гостиницу.

Потом он должен позвонить по телефону 016 -1818-2020 и сказать, как он устроился и всё ли в порядке. Он не должен сразу ехать в офис. Он может отдохнуть 1 или 2 дня. Мы сообщим ему время, на которое назначена встреча.

Он не должен опаздывать. На нём должен быть костюм и галстук. Во время интервью не нужно высказывать критических замечаний, но нужно высказать предложения в мягкой форме. Он не должен бояться. Он должен чувствовать себя свободно.

Вот, пожалуй, и всё!

# Часть 4

Как можно найти в интернете информацию об учебе,
что и как надо писать, чтобы поехать учиться
или выступить на научной конференции

## 러시아로 유학가기!

Хочу учиться! Хочу заниматься наукой!

**1과   인터넷에서 유학정보 찾기.**

Раздел 1   Как через Интернет устроиться на учёбу.

**2과   러시아로 학술대회가기!**

Раздел 2   Вы хотите поехать на научную конференцию.

# 4

Раздел 1 | **Как через Интернет устроиться на учёбу**

Вы хотите найти информацию о российских университетах? Или поехать на учёбу? Можно, как и раньше, воспользоваться русскими поисковыми системами (см. Часть 1), например, уже известной нам системой

러시아 대학에 대한 정보를 찾고 싶나요? 러시아로 유학가고 싶나요? 1장에서 배웠던 러시아 검색 시스템을 통해 유용한 정보를 얻을 수 있습니다.

---

**ЗАДАНИЕ 128**

☞ 1장 1과에서 배웠던 검색시스템 Яndex 에 들어가서, 〈учёба〉라는 범주를 누르세요. 다음은 〈университеты〉를 누르고, МГУ의 사이트를 열어보세요.

☞ Войдите в поисковую систему Яndex (см. Часть 1, раздел 1). Кликните на ссылку 〈учёба〉. Далее кликните на ссылку 〈университеты〉, и откройте сайт МГУ – Московского Государственного Университета.

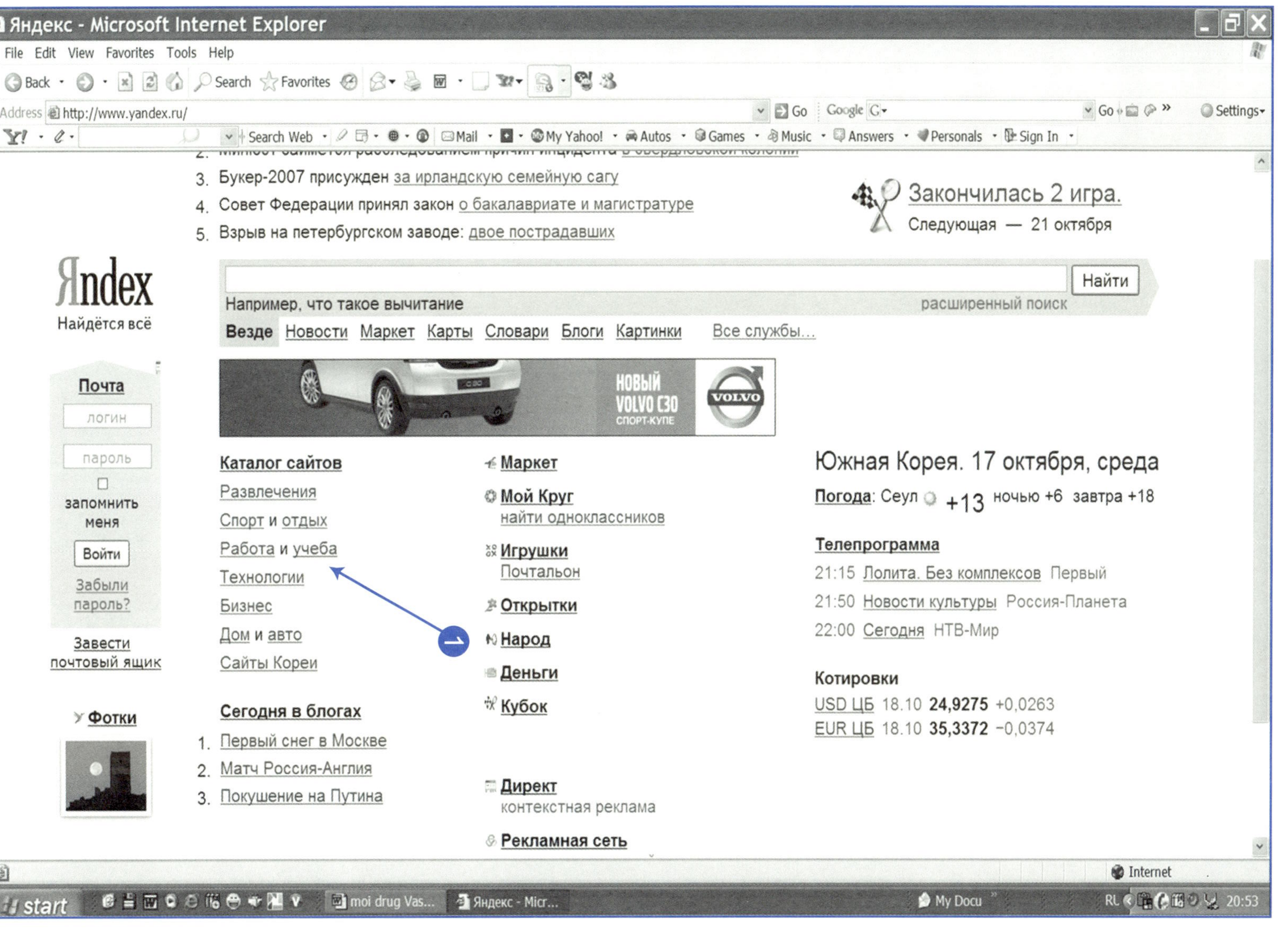

Яндекс - Microsoft Internet Explorer
File Edit View Favorites Tools Help
Back
Address http://www.yandex.ru/
Search Web
2. Минюст займется расследованием причин инцидента в свердловской колонии
3. Букер-2007 присужден за ирландскую семейную сагу
4. Совет Федерации принял закон о бакалавриате и магистратуре
5. Взрыв на петербургском заводе: двое пострадавших
Закончилась 2 игра.
Следующая — 21 октября
Яndex
Найдётся всё
Найти
расширенный поиск
Например, что такое вычитание
Везде Новости Маркет Карты Словари Блоги Картинки Все службы...
НОВЫЙ VOLVO C30 СПОРТ-КУПЕ
VOLVO
Почта
логин
пароль
запомнить меня
Войти
Забыли пароль?
Завести почтовый ящик
Фотки
Каталог сайтов
Развлечения
Спорт и отдых
Работа и учеба
Технологии
Бизнес
Дом и авто
Сайты Кореи
Сегодня в блогах
1. Первый снег в Москве
2. Матч Россия-Англия
3. Покушение на Путина
Маркет
Мой Круг
найти одноклассников
Игрушки
Почтальон
Открытки
Народ
Деньги
Кубок
Директ
контекстная реклама
Рекламная сеть
Южная Корея. 17 октября, среда
Погода: Сеул +13 ночью +6 завтра +18
Телепрограмма
21:15 Лолита. Без комплексов Первый
21:50 Новости культуры Россия-Планета
22:00 Сегодня НТВ-Мир
Котировки
USD ЦБ 18.10 24,9275 +0,0263
EUR ЦБ 18.10 35,3372 −0,0374
Internet
start
moi drug Vas...
Яндекс - Micr...
My Docu
20:53

Московский государственный университет имени М.В.Ломоносова - Microsoft Internet Explorer
File   Edit   View   Favorites   Tools   Help
Back     Search    Favorites
Address   http://www.msu.ru/     Go   Google
Search Web   Mail   My Yahoo!   Autos   Games   Music   Answers   Personals   Sign In
Go   Settings
дополнительное образование, дистанционное обучение, межуниверситетские программы, УМО
Поступающим
факультеты и филиалы, правила приема, формы обучения, программы, подготовка к поступлению, конкурс, проходной балл
Наука
приоритетные направления исследований, конференции, диссертации и диссертационные советы, премии
Интернет-ресурсы
научно-образовательные ресурсы МГУ, издания МГУ, список Web-сайтов МГУ
Каталог библиотек
научная библиотека МГУ, библиотеки подразделений, электронные библиотеки, аннотированные каталоги
Профориентация и трудоустройство
отделы факультетов, дни карьеры, практики, стажировки, вакансии
Выпускники
наши выпускники: ассоциации, клубы, встречи выпускников
поддержку Правительства Москвы и имеет статус общегородского мероприятия. Информация на сайтах http://www.fn.msu.ru » и http://www.fn.mos.ru »
1 сентября 2007 года стартовал проект "Покори Воробьевы горы!" »
Новости
Один из актовых залов Фундаментальной библиотеки МГУ медленно наполняется профессорами, преподавателями, студентами, сотрудниками, гостями университета, играет оркестр, на сцене — рояль, над сценой — большой экран, на который проецируется фотография Главного здания, — так 27 сентября 2007 года начинается торжественное собрание, посвященное 15-летию факультета фундаментальной медицины МГУ. подробнее »
14.10   Наука о переводе — вымысел или необходимость?
14.10   Космос: наука и проблемы XXI века
04.10   МГУ первым из вузов России начнет выпускать специалистов по языковой политике
03.10   Сотрудничество МГУ и компании Microsoft
26.09   Нобелевский лауреат Мюррей Гелл-Манн стал Почетным доктором МГУ
все новости »
Новости сайта
14.10   Добавлен фотоальбом с вручения красных дипломов 29 июня 2007 года (день второй)
11.10   В субботу, 17 ноября 2007г. Высшая школа бизнеса проводит День открытых дверей по программе "БАКАЛАВР"
11.10   Пресс-релиз Второго фестиваля науки »
10.10   13 октября 2007 года в 14.00 в аудитории 01 Главного здания МГУ состоится встреча школьников 9-11 классов, абитуриентов с представителями факультета биоинженерии и биоинформатики, 27 октября - факультета ВМиК, 8 декабря - факультетов: физического, географического и наук и материалах
10.10   Продолжается набор на программу профессиональной переподготовки "Редактор текстов для СМИ"
01.10   6 октября 2007 года в 14.00 в аудитории 01 Главного здания МГУ состоится встреча школьников 9-11 классов, абитуриентов с представителями механико-математического и физико-химического факультетов
01.10   Добавлена информация об организации дистанционного образования в МГУ
архив »
250-летие Московского Университета                    Хроника юбилейного года
Виртуальный тур
фотоальбом
События в фотографиях
фотоальбомы
Студенческая жизнь
студенческие организации, студенческие сайты, досуг и др.
Культурная и общественная жизнь
театры, клубы, общественные организации
Спорт и отдых
спортивные соревнования, клубы
Copyright © 1997–2007 Московский государственный университет им. М. В. Ломоносова
связаться с нами
МГУ имени М.В.Ломоносова   1755
ОБРАЗОВАТЕЛЬНЫЙ КРЕДИТ
start   moi drug Vas...   Яндекс.Ката...   Московский ...   My Docu   EN   21:24
Internet

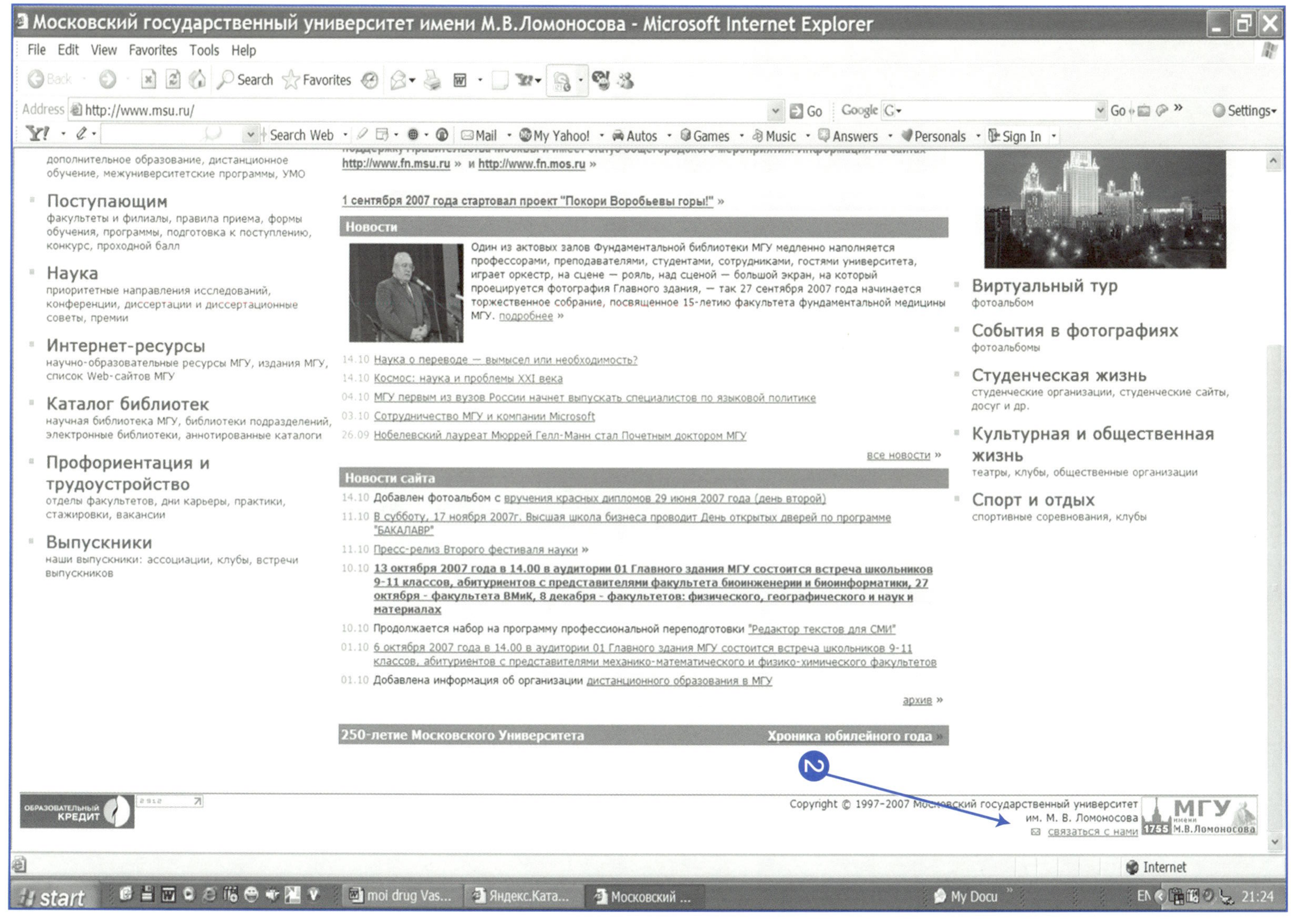

2

Обычно даже русскому человеку не очень легко найти нужную информацию на таком большом сайте, как сайт МГУ. Для вас же это практически невозможно. Поэтому мы рекомендуем вам написать небольшое письмо с просьбой помочь вам. Для этого надо кликнуть ссылку 〈связаться с нами〉 (стрелка под цифрой 2). Вы увидите следующую картину:

러시아사람에게도 МГУ와 같은 큰 사이트에서 필요한 정보를 찾는 것은 쉬운 일이 아닙니다. 여러분처럼 외국인에게는 더욱 어려운 일이죠. 그러므로 도움을 요청하는 편지를 써보세요. 〈связаться с нами〉(2번 화살표 아래)를 클릭하면, 다음의 그림이 보일 것입니다.

| Внимание! | |
|---|---|
| Выделенные **красным** шрифтом поля обязательны для заполнения! | |
| Ваше имя: | |
| **E-mail:** | |
| Город, страна: | Добавить ссылку |
| **Тема сообщения:** | Добавить ссылку ▼ |
| **Текст сообщения:** | |

Очистить форму    Отправить сообщение

## ПИШЕМ ПИСЬМО С ПРОСЬБОЙ ОБ УСТРОЙСТВЕ НА УЧЁБУ ПО ФОРМЕ, ПРЕДЛОЖЕННОЙ В ИНТЕРНЕТЕ

### ЗАДАНИЕ 129

☞ 상수는 러시아에 장기간 출장을 가고, 안나도 상수와 함께 갑니다. 그녀는 모스크바 대학에서 러시아어 연수를 받기로 했습니다. 이 대학의 사이트에서 그들은 필요한 정보를 찾을 수 없었으므로 편지를 쓰기로 결정했습니다. 아래 편지를 읽어보세요.

☞ Санг Су едет в Россию в длительную командировку. Анна едет с ним. Она решила поступить на курсы в МГУ, чтобы поучить русский язык. На сайте МГУ они не смогли найти нужную информацию. Они решили написать письмо. Прочитайте все части письма.

### Слова

| | |
|---|---|
| ☞ поле, поля | 칸 |
| ☞ выделенные красным шрифтом | 붉은 활자로 표시된 |
| ☞ заполнять / заполнить поле | 칸을 채우다 |
| ☞ сообщение | 메시지 |
| ☞ отправлять / отправить сообщение | 메시지를 보내다 |
| ☞ очищать / очистить форму | 양식을 지우다 |
| ☞ обучение чему | 교육 |
| ~ русскому языку | 러시아어 교육 |
| ☞ форма обучения | 교육 형태 |
| ☞ годичное обучение | 1년 교육 |
| ☞ начальное обучение | 초급 교육 |

<table>
<tr><td colspan="2" align="center">Внимание!<br>Выделенные красным шрифтом поля обязательны для заполнения!</td></tr>
<tr><td>Ваше имя:</td><td>Ким Санг Су</td></tr>
<tr><td>E-mail:</td><td>annarus2000@gmail.com</td></tr>
<tr><td>Город, страна:</td><td>Сеул, Корея</td></tr>
<tr><td>Тема сообщения:</td><td>годичное обучение русскому языку</td></tr>
<tr><td>Текст сообщения:</td><td>Моя жена хотела бы пройти курс начального обучения русскому языку в МГУ. Она не планирует учиться дальше. Существует ли такая форма обучения? Если да, то куда и как мы можем обратиться? На вашем сайте мы не смогли найти такую информацию. Если возможно, ответьте, пожалуйста, срочно! Спасибо!</td></tr>
<tr><td colspan="2">[ Очистить форму ]   [ Отправить сообщение ]</td></tr>
</table>

## ЗАДАНИЕ 130

☛ 여러분은 10개월간 러시아어를 배우길 원하며, 이미 기초 러시아어 능력 증명서를 갖고 있습니다. 여러분은 대학 사이트에서 필요한 정보를 찾을 수 없었습니다. 아래 정보 요청 텍스트의 빈칸을 채우세요.

☛ Вы хотите поучить русский язык в течение 10 месяцев. Вы уже имеете сертификат базового уровня. На сайте нужного вам университета вы не нашли нужную вам информацию. Прочитайте слова. Дополните текст письма – запроса информации.

<table>
<tr><td>ТЕМА</td><td>10-месячный курс обучения русскому языку</td></tr>
<tr><td colspan="2">Я хотел(а) бы</td></tr>
<tr><td colspan="2">Я уже</td></tr>
<tr><td colspan="2">Существует ли ?</td></tr>
<tr><td colspan="2">Если да, то ?</td></tr>
<tr><td colspan="2">К сожалению,</td></tr>
<tr><td colspan="2">Я надеюсь на ваш</td></tr>
<tr><td colspan="2">скорый ответ. Спасибо.</td></tr>
</table>

**ПИСЬМО 41**

## ЗАПОЛНЯЕМ АНКЕТУ ДЛЯ ПОЕЗДКИ В РОССИЮ НА УЧЕБУ. ПРОСИМ НЕКОТОРЫЕ РАЗЪЯСНЕНИЯ

**ЗАДАНИЕ 131**

요청에 대한 답변으로 여러분은 필요한 인터넷 주소를 알게 되었습니다. 여러분은 그 곳에서 다음과 같은 앙케이트를 찾았습니다.

В ответ на ваш запрос вы получили нужную вам ссылку. Там вы обнаружили анкету, которую нужно заполнить.

## Слова

- гражданство — 국적
- действителен до — ~까지 효력이 있다.
- должность — 직책
- посольство — 대사관
- консульство — 영사관
- будущая специализация — 미래의 전공
- требуется — ~이 요청되다, 요구되다.
- дата прибытия — 도착 날짜

➡ 개인정보 **Личная информация**

| | |
|---|---|
| Фамилия: | Ли |
| Имя (имена), отчество: | Кёнг А |
| Дата рождения: | 10  октября  1988 |
| Пол: | Женский |
| Гражданство: | Корея, республика (KR) |
| Номер паспорта: | 19881010766 |
| Действителен до: | 29  января  2015 |
| Место рождения (страна): | Южная Корея |
| Место рождения (город): | Сеул |
| Вид деятельности: (**место работы и должность**, если служащий; **название учебного заведения**, если учащийся) | Университет Когурё, студентка 4 курса |

Адрес места учёбы или работы (домашний адрес — только для тех, кто временно не учится или не работает)

| | |
|---|---|
| Индекс: | 414001 |
| Страна: | Корея, республика (KR) |
| Штат/Область: | Кёнгги-до |
| Город: | Баньянг-ши |
| Улица: | Банан 6-донг |
| Дом: | 116-99 |
| Офис (квартира №): | 102 |
| Телефон: | + 82 – (0)31-888-0898 |
| Факс:<br>(Номер факса, включая коды вашей страны и города,<br>необходим, чтобы выслать вам приглашение) | +82- 31 – 886 – 8089 |
| В каком посольстве/консульстве России вы будете получать визу:<br>(необходимо указать страну и город) | Российское посольство, Сеул, Южная Корея |
| Образование: | студентка, выпускной курс бакалавратуры |
| Как долго вы изучали русский язык? | 3 года 6 месяцев зарубежного университета |
| Как вы узнали о  нашем Центре? | посылала письмо-запрос в ваш университет по электронному адресу, взятому с сайта университета |
| Ваш E-mail: | kyongarus777@mail.ru |

---

1. Подготовка к  учёбе в  университете:

   (подготовка по  русскому языку и  профилирующим предметам)

| | |
|---|---|
| Курс:  -Выберите- ▼ | |
| Профиль:  -Выберите- ▼ | |
| Укажите вашу  будущую специализацию: | |

2. Программы по  русскому языку:

| | |
|---|---|
| Период обучения: | в течение учебного года |
| Программа: | полная программа |
| Срок обучения: | |
| | |
| с | 1  сентября  2008 |
| до | 1  июля  2009 |

3. Программы подготовки и  переподготовки преподавателей русского  языка как  иностранного:

| | |
|---|---|
| Программа: | |

Указать предпочтительные сроки обучения

(для краткосрочного повышения квалификации и  стажировки):

| | | | |
|---|---|---|---|
| с | -День- ▼ | -Месяц- ▼ | -Год- ▼ |
| до | -День- ▼ | -Месяц- ▼ | -Год- ▼ |

Сведения о прибытии в Москву и проживании в общежитии

| | |
|---|---|
| Требуется ли общежитие: | требуется |
| Нужно ли вас встречать в аэропорту/на вокзале? | да |
| Предполагаемая дата прибытия в Москву: | 20   августа   2008 |
| Дополнительная информация: (поле не является обязательным) | Если можно, подтвердите, пожалуйста, получение моей анкеты по электронной почте **kyongarus777@mail.ru** и сообщите, пожалуйста, каковы должны быть мои дальнейшие действия |

## ЗАДАНИЕ 132

👉 여러분은 4개월간 러시아의 한 대학에서 러시아어 연수를 받기 원합니다. 아래 앙케이트를 채우세요.

👉 Вы хотите поехать на 4 месяца в один из российских университетов, чтобы пройти программу по русскому языку. Заполните анкету.

| | |
|---|---|
| Фамилия: | |
| Имя (имена), отчество: | |
| Дата рождения: | |
| Пол: | |
| Гражданство: | |
| Номер паспорта: | |
| Действителен до: | |
| Место рождения (страна): | |
| Место рождения (город): | |
| Вид деятельности: | |

| Индекс: | |
| --- | --- |
| Страна: | |
| Штат/Область: | |
| Город: | |
| Улица: | |
| Дом: | |
| Офис (квартира №): | |
| Телефон: | |
| Факс: | |
| В каком посольстве / консульстве России вы будете получать визу: | |
| Образование: | |
| Как долго вы изучали русский язык? | |
| Как вы узнали о нашем Центре? | |
| Ваш E-mail | |

| Программы по русскому языку: | |
| --- | --- |
| Период обучения: | |
| Программа: | |
| Срок обучения: | |
| с | |
| до | |
| Требуется ли общежитие: | |
| Нужно ли вас встречать в аэропорту/на вокзале? | |
| Предполагаемая дата прибытия в Москву: | |
| Дополнительная информация: | |

# БЛАГОДАРИМ ЗА РАЗЪЯСНЕНИЯ. ИНТЕРЕСУЕМСЯ ФОРМОЙ ОПЛАТЫ И УСЛОВИЯМИ ПРОЖИВАНИЯ

## Слова

| | |
|---|---|
| господин, госпожа | 남자와 여자를 가리키는 호칭 |
| подтверждать / подтвердить что | 확인하다 |
| ~ получение анкеты | 앙케이트의 수령을 확인하다 |
| разъяснять / разъяснить что | 해명하다 |
| разъяснение | 해명 |
| общежитие квартирного типа | 아파트 형 기숙사 |
| отдельная комната | 분리된 방 |
| держать домашнее животное | 애완 동물을 키우다 |

**ТЕМА : общежитие**

Уважаемая г. Петрова Е.К. (простите – я не знаю Вашего имени, отчества)! Большое спасибо, что Вы подтвердили получение моей анкеты, а также за Ваши разъяснения.

Что касается платы за обучение, я предпочитаю расплатиться на месте наличными. Как только виза будет готова, я сообщу вам точную дату моего прибытия.

Не затруднит ли Вас помочь мне ещё в одном вопросе?

Это касается условий моего проживания в общежитии. Мне хотелось бы жить в общежитии квартирного типа в отдельной комнате с кухней. Возможно ли это? Если да, то дорого ли это стоит?

И ещё вопрос. Можно ли в таком случае держать в общежитии домашнее животное?

Заранее благодарю Вас за внимание к моим просьбам.

Ли Кёнг А

🖝 다음 질문을 읽고 답하세요.

🖝 Ответьте на вопросы:

1. Кому пишет Кёнг А? Она пишет просто так, или отвечает на письмо?

2. Как вы думаете, где работает госпожа Петрова? Почему вы так думаете?

3. Что такое Е.К.?

4. Что написала госпожа Петрова Е.К. в своём письме, которое раньше получила Кёнг А?

5. Какие два желания есть у Кёнг А?


ЗАДАНИЕ **134**

🖝 아래 3종류의 편지 내용을 읽고, 빈칸을 채우세요.

🖝 Прочитайте предложения из трёх писем и  дополните пропущенные слова или реплики.

А) Ли Кёнг А пишет госпоже Петровой Е.К.

Б) г. Петрова Е.К. отвечает на письмо Ли Кёнг А.

В) Ли Кёнг А пишет г. Петровой ещё раз.

| Ли Кёнг А пишет Петровой | Петрова отвечает Ли Кёнг А | Ли Кёнг А ещё раз пишет Петровой |
| --- | --- | --- |
| Не могли бы Вы | Мы получили Вашу анкету. | Большое спасибо |
| Если Вам не трудно, | В начале июля мы вышлем Вам приглашение на адрес Университета. | Большое спасибо |
| | Сообщите нам точную дату Вашего прибытия не позже, чем за 10 дней. | |
| | Сообщите нам, какую форму оплаты вы предпочитаете:<br>а) наличными по прибытии;<br>б) банковским переводом на счет университета | |

**Раздел 2**  # Вы хотите поехать на научную конференцию.

## ПИСЬМО 43

### ЗАЯВКА НА УЧАСТИЕ В КОНФЕРЕНЦИИ

## Слова

| | |
|---|---|
| заявка | 신청서 |
| участие в чем | ~에 참가 |
| организаторы конференции | 학술대회 조직원 |
| информационное письмо | 홍보문, 안내문 |
| тематика конференции | 학술대회 주제 |
| соответствовать чему | 일치하다, 부합하다 |
| ~ тематике | 주제에 맞다 |
| доклад | 발표 |
| кафедра | 학과 |
| общее языкознание | 일반언어학 |
| бакалавриат | 학사과정 |
| бакалавр | 학사 |
| магистратура | 석사과정 |
| магистрант(магистрантка) | 석사과정생 |
| аспирантура | 박사과정 |
| аспирант( аспирантка) | 박사과정생 |
| стендовый доклад | 스탠드형 논문 발표 |
| меня это устраивает | 난 이것에 만족해 |

Уважаемые организаторы конференции!

В Интернете я прочитала информационное письмо о вашей конференции. Посылаю вам текст моего доклада (см. приложение). Надеюсь, что тема моего сообщения соответствует тематике конференции, и мой доклад покажется вам достаточно интересным.

Два слова о себе. Моя фамилия Ли, меня зовут Кёнг А. Я из Южной Кореи. В настоящее время я являюсь аспиранткой кафедры Общего Языкознания Российского Университета дружбы народов. Я закончила бакалавриат в Корее, затем магистратуру в СПбГУ.

Я внимательно ознакомилась с условиями участия в конференции. В случае вашего положительного ответа я хотела бы приехать лично и прочитать свой доклад. Стендовый доклад также меня устраивает.

Жду вашего решения. С уважением –

Ли Кёнг А

## ЗАДАНИЕ 135

🕨 아래 단어를 읽고 질문에 답하세요. 필요하다면, 경아의 이전 편지내용을 상기하세요.

🕨 Прочитайте слова. Ответьте на вопросы.

1. Где учится в настоящее время Ли Кёнг А?

2. Какое образование и где она получила?

3. Какие степени она имеет?

4. Куда и зачем она хочет поехать?

5. В тексте письма нет текста доклада Ли Кёнг А. Где организаторы конференции могут прочитать её доклад?

6. Хочет ли Кёнг А читать свой доклад сама, или участники конференции просто прочитают текст доклада без неё? Найдите, что говорится об этом в тексте письма.

7. Где и как она узнала о конференции?

☛ 아래 아바타에서 여러분의 것을 고르고, 아래의 표를 참고해서 여러분에 대한 가상의 정보를 만들어 보세요.

☛ Из предложенных аватаров выберите свой. Из предложенных ниже вариантов выберите и подчеркните воображаемую информацию о себе.

## Слова

| | |
|---|---|
| ☛ бакалавр | 학사 |
| ☛ магистр | 석사 |
| ☛ кандидат наук | 박사 |
| ☛ академик | 학술원 회원 |
| ☛ Академия Наук | 러시아 학술원 |

➡ **교육과 직업** Образование и работа:

| Закончил(а): | университет | учёная степень | в настоящее время |
|---|---|---|---|
| - бакалавриат<br>- магистратуру<br>- аспирантуру | - МГУ<br>- Оксфорд<br>- Сорбонна<br>- Гарвардский<br>  Университет | - бакалавр<br>- магистр<br>- кандидат наук<br>- академик<br>  Академии Наук | - профессор<br>- сотрудник<br>- исследователь |

➡ **학술대회에 대한 정보** Информация о конференции

| откуда знаю о конференции | форма участия |
|---|---|
| - нашёл (нашла) информацию о конференции в Интернете<br>- у нас прошла информация<br>- узнал(а) о том, что ... (где) проходит конференция) | - очная (лично / стендовый доклад)<br>- заочная (я не могу приехать лично) |

☛ 위의 연습문제에서 여러분이 선택한 정보를 사용하여 학회참가 신청서를 채워보세요.

☛ Дополните текст письма - заявки на участие в конференции. Используйте выбранную вами информацию из предыдушего задания

| ТЕМА | |
|---|---|

Уважаемые                                                                        !

о вашей / у вас

Посылаю вам

приложением.  Надеюсь

Немного о                            . В настоящее время

Я имею учёную степень

Закончил(а)

, затем

Я внимательно

Анкету посылаю

приложением.  В случае

С уважением,

# ЕДЕМ НА КОНФЕРЕНЦИЮ : ПРИНИМАЕМ УСЛОВИЯ УЧАСТИЯ И ОПЛАТЫ

## Слова

| | |
|---|---|
| оргкомитет | 조직위원회 |
| члены оргкомитета | 조직위원회 위원 |
| очная форма участия | 대면 참가 |
| заочная форма участия | 통신 참가 |
| материальные требования | 금전적 요구 |
| знакомиться / ознакомиться с условиями | 조건을 알아보다 |
| принимать / принять условия | 조건을 받아들이다 |
| выражать / выразить благодарность | 감사를 표시하다 |
| регистрационный взнос | 참가비 |
| плата за проживание | 숙식비 |

**ТЕМА :** конференция

Уважаемые члены оргкомитета! С радостью прочитала ваше сообщение о том, что мой доклад принят. В связи с этим выражаю вам мою всемерную благодарность. В ответ на ваш запрос сообщаю, что форма моего участия в конференции очная. С условиями материальных требований ознакомилась и принимаю. Регистрационный взнос и плату за гостиницу я переведу на указанный вами банковский счёт в ближайшее время. Прошу Вас забронировать одноместный номер в гостинице «Приморская». Жду дальнейших указаний!

Еще раз благодарю вас за интерес к моим скромным запискам.

Ли Кёнг А.

☛ 아래 문장을 한국어로 번역하세요. 책을 덮고 다시 러시아어로 번역하세요.

☛ Переведите на корейский язык. Перевод запишите. Закройте книги и переведите обратно на русский язык.

1. Я внимательно ознакомился с условиями участия в конференции.

2. С радостью прочитал ваше сообщение.

3. Благодарю вас за интерес к моему письму.

4. Выражаю вам свою всемерную благодарность.

5. В ответ на ваш запрос сообщаю, что я предпочитаю внести регистрационный взнос наличными по прибытии.

6. Я предпочитаю переслать деньги за гостиницу банковским переводом на ваш счёт.

7. Условия материальных требований принимаю.

8. Жду дальнейших указаний.


ЗАДАНИЕ 139

☛ 아래 조직위원회의 편지에 대한 답장을 써보세요.

☛ Прочитайте строки из письма членов оргкомитета. Напишите ответную реплику.

1. Сообщаем вам, что ваш доклад принят.

2. Просим вас заполнить анкету участника, которую мы высылаем вам приложением.

3. Срочно сообщите нам о форме вашего участия в конференции (очная или заочная).

4. Для зарубежных участников участие в конференции платное (100 евро).

5. Указанную сумму вы можете перевести на наш счет в Сберегательном Банке России (номер нашего счета NNN), либо заплатить наличными по прибытии на место проведения конференции.

6. В приложении вы найдёте описание условий проживания в гостиницах разного типа. У вас есть право выбора. Срочно сообщите нам о том, где вы предпочитаете жить.

# 취업 러시아어

Я предлагаю вам свои услуги.

# 5

Раздел 1 **Как заполнить CV по-русски.**

## КОММЕНТАРИЙ

CV (из латинского языка Curriculum Vitae) – краткая информация о вас. По-русски её называют РЕЗЮМЕ (АНКЕТА), но это совсем не такая анкета, как вы заполняли в Части 1 и Части 4. Это специальная анкета для поисков работы. Она должна быть краткой, ясной, и должна умещаться на одной странице.

CV (라틴어 Curriculum Vitae의 약자) 는 자신에 대한 짧은 정보글입니다. 러시아어로는 РЕЗЮМЕ 혹은 АНКЕТА라고 합니다. 물론 이때 АНКЕТА는 여러분이 1장과 4장에서 보았던 앙케이트가 아닙니다. 이것은 직장을 구하기 위한 특별한 형식의 앙케이트이며, 짧고 분명한 내용으로 1페이지를 넘지 말아야 합니다.

## ПИСЬМО 45

## СОСТАВЛЯЕМ РЕЗЮМЕ (АНКЕТУ)

## Слова

| | |
|---|---|
| программирование | 프로그래밍 |
| программист | 프로그래머 |
| ведущий программист | 수석 프로그래머 |
| программное обеспечение | 소프트웨어 |
| системный администратор | 시스템 관리자 |
| гражданство | 국적 |
| гражданин (гражданка) | 시민 |
| семейное положение | 가족관계 |
| холост | 독신 |
| изъясняться / изъясниться | 의사표현하다 |
| владеть языком свободно | 자유롭게 언어를 구사하다 |
| прикладная математика | 응용수학 |
| компьютерная сеть | 컴퓨터 네트워크 |

Пак Чже Йоль, бакалавр

Программирование

→ 개인정보 ЛИЧНАЯ ИНФОРМАЦИЯ

| Гражданство | Республика Корея |
| --- | --- |
| Адрес проживания | 716-122 Anyang 1-dong, Manan-gu, Anyang-si Kyonggi-do 433-918, S.Korea |
| Телефон | +82-(0)31- 463 - 6599 +82-(0)10-9023-6599 |
| Email | breakthrough3@hanmail.net |
| Дата рождения | 07.04.1979 |
| Семейное положение | Женат, детей нет Жена Ли Кёнг А, гражданка Р.Корея |
| Иностранные языки | Корейский (родной), русский, английский (изъясняюсь), китайский, японский ( изъясняюсь, читаю со словарём) |

→ 교육정도 ОБРАЗОВАНИЕ

| БАКАЛАВРИАТ | 03.1999~ 02.2002 | Факультет прикладной математики, Университет Когурё, Сеул, Ю. Корея, математика и программирование |
| --- | --- | --- |
| Сертификат ТРКИ, 1-й уровень | 09.2002~ 06.2003 | Центр Международного образования, МГУ, Москва, Россия |
| Сертификат TOEFL | 06.2001~ 08.2001 | Академия американского образования, Сеульский Университет, Сеул, Ю.Корея |

➡ 경력 ТРУДОВАЯ ДЕЯТЕЛЬНОСТЬ

| 02.2006–по н.вр. | ведущий программист, Gyerueng Electronics, Сеул, Ю.Корея |
|---|---|
| 09.2001-01.2006 | администратор, консультант, Интернет-портал NAVER, Сеул, Ю. Корея |

➡ 전문 분야 СФЕРЫ ДЕЯТЕЛЬНОСТИ

| |
|---|
| Программное обеспечение поисковых систем<br>Web-дизайн<br>Компьютерные системы и сети |

## КОММЕНТАРИЙ

Резюме (на любом языке) должно включать в себя 4 раздела:

1. личная информация о вас
2. образование : что вы закончили, где вы учились (университетские и прочие важные для получения данной работы курсы)
3. трудовая деятельность : где вы работали;
4. сферы деятельстьи : что вы знаете и умеете

어느 언어에서든지 이력서에는 4가지 사항이 포함되어야 합니다.
1. 여러분에 대한 개인 정보
2. 어느 학교를 졸업했으며, 이 직업을 위해 중요한 교육을 어디에서 받았는지
3. 어디에서 일한 경험이 있는지
4. 무엇을 할 줄 아는지를 꼭 적어야 합니다.

## ЗАДАНИЕ 140

☞ 아래 오른쪽 칸의 글은 위의 4가지 정보중 어디에 속하는지 말해 보세요.

☞ Прочитайте слова. Прочитайте информацию о человеке. Скажите, что это за информация:

## Слова

| | |
|---|---|
| ☛ гражданство | 국적 |
| ☛ адрес проживания | 거주지 주소 |
| ☛ дата рождения | 생년월일 |
| ☛ семейное положение | 가족 사항 |
| ☛ иностранные языки | 외국어 |
| ☛ образование | 교육 |
| ☛ трудовая деятельность | 경력 |
| ☛ сфера деятельности | 전문 분야 |

1. 02.05.1989
2. Российская Федерация (РФ)
3. Не замужем
4. Российско–корейское предприятие 《ТрансСиб》, переводчик
5. Японский  (свободно)
6. Россия, Москва 121001, ул. Арбат, д.2, кв.6
7. Холост
8. Работа с клиентами
9. Университет Нижний Новгород отделение русского языка

**ЗАДАНИЕ 141**

☛ 지금은 2021년이고, 여러분은 러시아에서 직장을 찾고 싶습니다. 다음의 내용을 가상으로 만들어 보세요.

☛ Сейчас 2021 год. Вы хотите получить работу в России. Придумайте:

1. Ваше семейное положение

2. иностранные языки

3. Какие университетские и другие курсы после вашего университета вы закончили и в каких странах.

4. По какой специальности вы учились после университета.

5. Где вы работали за это время.



☛ 위에서 만든 가상의 정보를 중심으로 이력서를 만들어 보세요.

☛ На основании информации, придуманной вами в предыдущем задании, составьте резюме.

**Раздел 2** # Сопроводительное письмо.

**ПИСЬМО 46**

## СОПРОВОЖДАЕМ РЕЗЮМЕ БОЛЕЕ ПОДРОБНЫМИ СВЕДЕНИЯМИ О СЕБЕ. ИЗЛАГАЕМ СВОЮ ЦЕЛЬ

## Слова

| | |
|---|---|
| президент компании | 회사의 대표 |
| директор | 사장 |
| главный менеджер | 수석 매니저 |
| вакансия | 공석 |
| предлагать / предложить услуги в качестве кого | ~로서 서비스를 제공하다 |
| стаж | 재직 기간 |
| превышать / превысить | 올리다, 초과하다 |
| стаж превышает ~ лет | 재직기간이 ~이 넘는다 |
| стаж составлет ~ лет | 재직기간이 ~년이다 |
| автоматическая обработка сигналов | 자동신호처리 |
| ответственный за что | ~에 책임이 있다 |
| заниматься / заняться вопросами чего | ~ 일을 담당하다 |
| срабатываться / сработаться с людьми | 사람들과 잘 어울린다, 융화되다 |
| владеть языком | 외국어를 구사하다 |
| признателен | 감사하다 |
| в любое удобное для вас время | 당신이 편한 시간 언제라도 |

Уважаемый господин директор!

Я прочитал на сайте Вашей компании информацию о вакансиях. Я хотел бы предложить Вашему предприятию свои услуги в качестве ведущего программиста. Стаж моей работы программистом и системным администратором превышает 8 лет. 3 последних года я работал ведущим программистом в компании Gyerueng Electronics, Сеул, Ю.Корея. Моей последней разработкой была система автоматической обработки сигналов. Я был ответственным за математическое обеспечение работы системы.

В качестве сотрудника вашей фирмы я мог бы заняться вопросами работы новейшего корейского компьютерного оборудования в российских условиях. Хочу также заметить, что я прекрасно срабатываюсь с другими людьми и имею большой опыт работы с корейским компьютерным оборудованием. Кроме того, я владею русским языком.

Если моя кандидатура вас заинтересует, и если собеседование можно будет провести по телефону, я буду очень признателен Вам, так как в настоящее время я нахожусь в Корее. Надеюсь на контакт с Вами в любое удобное для Вас время. Благодарю за внимание.

С уважением, Пак Чже Йоль

## ЗАДАНИЕ 143

☞ 아래 사항 중 편지 내용과 관련된 것을 골라보세요.

☞ Прочитайте пункты плана. Выберите те из них, которые есть в ПИСЬМЕ. Найдите, где в письме говорится об этом.

- семейное положение.

- стаж и последнее место работы.

- опыт работы, отношения с людьми

- иностранные языки

- мои обязанности на последнем месте работы и разработки.

- образование.

- успехи и награды.

- предложение своих услуг.

- номер телефона и адрес.

- чем я мог(ла) бы заниматься в вашей фирме.

- надежда на положительный ответ и просьба о собеседовании.

## ЗАДАНИЕ 144

👉 다음 제안서를 읽고 위 연습문제에서 제시된 각 항목중 어디에 속할지 말해 보세요.

👉 Прочитайте предложения. Укажите, к какому пункту плана они относятся (см. задание 143)

## Слова

| | |
|---|---|
| 👉 посетитель | 방문자 |
| 👉 клиент | 고객 |
| 👉 секретарь-референт | 비서, 보좌관 |
| 👉 пиар(PR) | 홍보(PR) |
| 👉 поставщик | 공급자 |
| 👉 иметь представление о чём | ～에 대한 개념을 갖고 있다 |
| 👉 род деятельности | 활동분야 |
| 👉 добровольцы (= волонтёры) | 자원자 |
| 👉 маркетинг | 마케팅 |
| 👉 стремиться + inf. | ～하려고 노력하다 |
| 👉 реализовывать / реализовать способности | 재능을 실현시키다 |
| 👉 церковная община | 교회 공동체 |
| 👉 организационная деятельность | 조직 활동 |
| 👉 публичное мероприятие. | 공공 행사 |

1. Несмотря на то, что у меня пока нет опыта работы на фирме, я мог бы работать с посетителями и клиентами, поскольку я обычно легко схожусь с людьми и не испытываю трудностей в общении с незнакомыми людьми.

2. Я хотела бы предложить Вам мои услуги в качестве секретаря-референта и письменного переводчика с русского языка на корейский.

3. Я надеюсь, что вы заинтересуетесь моей кандидатурой и сможете назначить мне собеседование в любое удобное для Вас время.

4. Я являюсь молодым специалистом, только что закончившим Университет.

5. В качестве пиара я мог бы заняться налаживанием контактов вашей фирмы с поставщиками и покупателями в Корее.

6. Обычно мне удаётся работа с документацией и любыми иными письменными источниками.

7. В период обучения в Университете я неоднократно подрабатывал(а) в предприятиях сферы обслуживания, поэтому имею определённое представление об этом роде деятельности.

8. Мне доводилось бывать в России как для обучения, так и в составе группы добровольцев для работы с детьми.

9. Стаж моей работы в области маркетинга – 3 года.

10. Я легко нахожу общий язык с детьми.

11. В своей работе в качестве учителя я всегда стремлюсь найти в учениках все лучшее и помочь им реализовать свои способности.

12. Я хотел бы предложить свои услуги в качестве учителя корейского языка.

13. Я имею длительный опыт работы в церковной общине и неплохо говорю по-русски.

14. В годы учебы в университете я много занимался организационной деятельностью и имею хорошее представление об организации конференций (фестивалей, спортивных соревнований) и других публичных мероприятий.

☛ 다음 문장을 한국어로 번역하세요. 책을 덮은 뒤 다시 러시아어로 번역하세요.

☛ Переведите на корейский язык. Перевод запишите. Закройте книги и переведите обратно на русский.

1. Мне стала известна информация о вакансии.

2. Я хотел бы предложить вам мои услуги в качестве учителя для работы с детьми в церковной общине.

3. Я имею опыт преподавания корейского языка в России.

4. В качестве пиара я мог бы заняться налаживанием контактов вашей фирмы с корейскими партнёрами.

5. Последний год я работал в качестве офис-менеджера на строительстве корейского объекта в Казахстане.

6. Надеюсь на встречу с вами в любое удобное для вас время.

7. Я буду вам очень признателен, если вы назначите мне встречу для собеседования в любое удобное для вас время.

ЗАДАНИЕ 146

☛ 이경아는 모스크바의 아시아–아프리카 대학에서 한국어와 한국문화 교사로 일하길 원합니다. 위의 연습문제 144와 145를 참고하고, 여러분의 상상력을 동원해서 아래 지원서의 빈칸을 채우세요.

☛ Ли Кёнг А хочет получить работу в Москве в Университете стран Азии и Африки в качестве преподавателя корейского языка и корейской культуры. Пользуясь материалами заданий 144 и 145, а также вашей фантазией, дополните текст её письма-заявки.

Уважаемый г. Проректор!

Мне стала известна информация о _______________________________

в вашем Университете. Я хотела бы _______________________________

_______________________________________________________________ .

Общий стаж моей трудовой деятельности пока невелик, но я имею опыт _______

_________________________________________________ . Последние 2 года я

работала _________________________________________ .

В качестве _________________________________________ .

читать курс разговорного корейского языка для всех уровней, курс современного корейского искусства, курс синтаксиса и курс перевода.

Хочу также заметить, что _________________________________________ .

_________________________________________ , я стремлюсь найти в своих

учениках _______________________________________________________

_______________________________________________________________

Если моя кандидатура вас заинтересует, _________________________________

_______________________________________________________________

Надеюсь _________________________________________________________

_______________________________________________________________

Ли Кёнг А

☞ 지금은 2021년 입니다. 여러분은 러시아에서 취직하길 원합니다. 다음 사항을 생각해 보세요.

☞ Сейчас 2021 год. Вы хотите получить работу в России. Придумайте:

- Где бы вы хотели работать.

- В качестве кого вы хотели бы работать.



☞ 위에서 여러분이 희망했던 직장을 구하기 위한 지원서를 써보세요.

☞ Напишите письмо - заявку для получения работы.

# Часть 6

Приглашаем вас на свадьбу

## 결혼식에 초대합니다.

Так и закончилась эта история.

# ПРИГЛАШЕНИЕ НА СВАДЬБУ

## Слова

- свадьба — 결혼식
- церемония по случаю чего — ~를 기념하는 행사, 의식
- состояться где — (행사가) 치루어지다.
- бракосочетание — 결혼
- соединять / соединить что — 연결하다
- судьба — 운명

*Приглашение на свадьбу*

Дорогие друзья!

С большой радостью сообщаем, что 3 июля сего года состоится свадебная церемония по случаю нашего бракосочетания. Мы ждём вас по адресу: SEOUL KOREANA HOTEL Wedding Hall - в 16:00.

Ким Санг Су  и  Анна

*ПАК ЧЖЕ ЙОЛЬ*

*ЛИ КЁНГ А*

**Дорогие ДРУЗЬЯ**

Позвольте пригласить вас на Самое Главное Торжество всей нашей жизни. Мы хотим соединить наши судьбы и наши сердца. Нам было бы очень приятно видеть вас в этот день! Разделите с нами нашу радость в Корейском Доме, что на Волгоградском проспекте в доме 26. Ждём вас 3 НОЯБРЯ 2008 ГОДА в 16:30.

**ЗАДАНИЕ 149**

☞ 다음 질문에 답하세요.

☞ Ответьте на вопросы.

1. Кто женится на ком?

2. Кто выходит замуж за кого?